LEADING SCHOOL CHANGE

HOW TO OVERCOME RESISTANCE, INCREASE BUY-IN, AND ACCOMPLISH YOUR GOALS

如何让学校变得更好

给学校管理者和教师的9条建议

[美] 托德·威特克尔 Todd Whitaker 著 孔令稚 译

中国青年出版社

图书在版编目（CIP）数据

如何让学校变得更好：给学校管理者和教师的9条建议 /（美）托德·威特克尔著；孔令稚译
—北京：中国青年出版社，2024.4
书名原文：Leading School Change: How to Overcome Resistance, Increase Buy-In, and Accomplish Your Goals
ISBN 978-7-5153-7245-7

Ⅰ.①如… Ⅱ.①托… ②孔… Ⅲ.①学校管理 – 研究 Ⅳ.①G47

中国国家版本馆CIP数据核字（2024）第072106号

Leading School Change: How to Overcome Resistance, Increase Buy-In, and Accomplish Your Goals
ISBN: 978-0-8153-6398-9

如何让学校变得更好：给学校管理者和教师的9条建议

作　　者：[美] 托德·威特克尔
译　　者：孔令稚
责任编辑：肖妩嫔
文字编辑：侯雯洁
美术编辑：佟雪莹
出　　版：中国青年出版社
发　　行：北京中青文文化传媒有限公司
电　　话：010-65511272 / 65516873
公司网址：www.cyb.com.cn
购书网址：zqwts.tmall.com
印　　刷：大厂回族自治县益利印刷有限公司
版　　次：2024年4月第1版
印　　次：2024年4月第1次印刷
开　　本：787mm × 1092mm　1/16
字　　数：140千字
印　　张：11
京权图字：01-2022-5959
书　　号：ISBN 978-7-5153-7245-7
定　　价：49.90元

谨以此书献给我的妻子贝丝。

是你引领我进行了诸多难以置信的改变。

大多数时候是你让我变得更好。

我爱你。

CONTENTS

目 录

第1章

引领学校改变

“改变”似乎是当今教育界（乃至世界范围内）的关键词。这些改变包括我们意图做出的改变、我们需要做出的改变以及我们顺应指引做出的改变。有的重大改变会让我们的生活翻天覆地，而有的改变勉强只算得上是微调。

不论是或大或小的哪一种改变，其中应当区分的重要一点在于：我们想要的改变以及他人强加的改变。学校领导面临的工作难点在于：如何调动整个组织机构中各成员，完成无论来自主观意愿的或是外界强加的改变？我们该从何处入手开展工作？我们该如何引导众人参与我们的变革计划？

引领学校的创新工作和变革计划是一项重要的工作。采用恰当的策略提升变革计划的成功率更是工作的重心。

本书将帮助读者明确校园变革计划的着手点，理解如何在改进计划中大获全胜，施展出最大化的影响力，从而让学校变得更好。锁定特定的人群和切入点，将更大概率地高效落实校园变革计划，并取得更丰硕的成果。在我们开展工作前，应当充分了解这些可以利用的机会。

本书特别增加了“执行指南”（附录一）和“行动计划”（附录二）板块。在阅读完对应章节后，你可以立即可翻阅至书后附录二“行动计划”，完成相关表格。你也可以在读完全书后，再完成“行动计划”中表格的填写，以便帮助你将头脑中的观点变为切实的行动。

“执行指南”板块涵盖了从第2章到第10章中涉及的所有策略。该板块具有三大功能：其一，帮助你加深对改变工作的理解，帮助你根据学校的实际情况执行变革计划。其二，给参与变革计划的教职工提供交流探讨的平台。其三，给牵头学习本书的组织者提供指导提纲。

我的书架上摆满了关于改变教育行业的各种书籍。其中有些书阐述了从古至今的教育学理论。还有些讲解了为什么我们的学校需要改变，或者更直接地表明学校需要何种改变。这些书籍固然值得一读，但本书带你领略的却是另一番天地。本书并未论述教育学的古今理论，也没有描绘偏向理想化的空中楼阁，而是展示了现今校园中真实发生的改变。

书中从第2章起每章探讨一条高效管理校园变革的建议，共讲述了9条建议。本书是写给教师、校领导以及各地区、学区教育部门领导的。书中记录了我与各学校、各教育部门领导（正式或非正式）共同开展院校变革计划过程中所经历的成功或失败。我期望，通过阅读本书，读者能够提升各自学校或学区的教学能力。要想成功做出改变，需要校园里所有教职工（包括教学质量组成员、课程委员会成员以及每一位一线教师）具备改变的动力。如果大部分教职工都能领会“改变的内核”，那么少数抗拒进步的员工就难有发挥的空间。

本书的意图并非指导读者执行某项具体的改变或某种类型的改变。每所学校面临的实际情况不同，没有人比你更加清楚自己学校需要怎样的改变。因此，本书旨在阐述如何制订切实可行的目标，如何规划改变方案，以及如何在实施过程中追踪实施情况。本书明确地指出在执行变革计划时应当规避的障碍以及可以采用的达到事半功倍的策略。本书将帮助你更好地带领各种类型的教职工（积极支持你所主张的改变的员工、抗拒改变并且不断拖后腿的员工，以及在这两端徘徊摇摆的员工）。

管理学校的变革计划并不是一蹴而就的工作。这种管理工作更像是下象棋，而非下跳棋。

如果你下跳棋的次数足够多，就会对各种步数了然于胸。跳棋的策略在于，所有棋子都向着同一个方向前进，去往棋盘的另一端。然而象棋中的棋子各不相同，各有各的走法。因此，象棋的排兵布阵可谓千变万化，下一局棋的战势总是和上一局的大不相同。

同样的道理，当我们试图在某所学校或某片学区推行变革计划时，我们所面对的是一群具备独立思考能力的人，有着各自的想法和习惯。如果我们能成功地引导众人朝着共同的目标前行，便能大幅度地提升变革计划成功施行的概率。

然而，推行校园变革计划绝非易事。除了显而易见的难题之外，我们更要抵抗“安于现状”的思维模式。这种似乎与生俱来的惰性思想稍不注意就会蔓延开来，悄无声息地击溃众多挑战者。“安于现状”的想法就如一台超级计算机一般强大，但就如象棋大师可以打败依靠程序工作的机器一样，“安于现状”的思想也将在势如破竹的改变思潮下溃不成军。

我们的任务是在对弈中，深思熟虑后采取策略，让变革计划尽可能朝着既定目标前进。

我在写《如何应对难缠的老师》[1]这本书时，询问、调研了身边的一切教育资源。颇具讽刺意味的是，几乎所有人都说：如果学校管理层想要优化自己的学校，那么就必须妥善应对那些难缠的老师。然而，这不过就是一个众所周知的事实而已。可问题在于，我们并不需要一个目标方向，而是需要具体的执行策略！

随着我不断深入地请教，得到的建议也仅仅是：形成正式文件。（这可

① 中文简体版已由中国青年出版社出版。——编者注

真是一个好法子呢！）只要以正式文档的方式记录下低效能老师的所作所为，那么或许数年积累的证据就足以合理解聘这位教师。然而在我看来，学校的进步等不起这么多年的时间。我们应当采取及时措施，实行校园变革计划。

我们都知道改变的必要性，但关键却在于如何实现改变。

本书将提供切实的策略，帮助你高效地执行所需的改变——这些策略能大幅度提升教职工对改变的接受度，实现我们的目标。遵循书中的策略实行校园变革计划，不必等上数年之久，当下就能开始进步。

本书的第2章至第10章展示了9条建议和各种策略供学校管理者和教师参考，但你无须在实际工作中刻板地遵循所描述的顺序来采纳这些建议，这同时也意味着你无须按照各种策略之间的排序将其分出优劣。实际上，9条建议相互辅助、相互强化。你可以根据实际情况和教师状态，在合适的时间、地点以恰当的方式施展不同策略。比如说，你可以针对某一个问题，先采纳其中一条建议，然后施行第二条。在达到一定效果后，再施行其他策略。或许你会在这个过程中发觉，一些策略施展起来更为顺手，而另一些却难以实现。那么，你可以从更为顺手的策略开始实践。

然而，或许正是那些对你而言更难施展的策略能让你成为一位更加优秀的领路人，同时它也是成败的关键所在。

在尝试实施这9条建议、研究更高效的执行手段的过程中，你会不经意地反思过去的工作，或许那时你就能明白为什么有的校园变革计划未能顺利执行，而有的却能运转正常。你甚至想运用装备起来的新知识，再次挑战曾经的滑铁卢。

不要期望首次尝试新策略时就能得心应手，也无需感到挫败。我可以打包票，在一段时间的努力后，你将满意地回首并发现："在这里、这里和那里，我看见了成效。"你也将更加坚定地带领你的团队继续前进。

因此，我们需要确定将要进行的改变将会带来更加优秀的校园，而不仅仅只是不同的校园。

另外，我们应当明确变化和进步之间的区别。每一项未能带来进步的改变，都在给下一次可能带来进步的改变制造障碍。如此一来，教职工将越发抗拒新的变革计划。这并不是因为他们本身桀骜难驯，而是经验告诉他们，耗费心力地做出改变不过是无用功而已。

改变的频率和幅度

我们需要快速思考两个问题。第一个是关于改变频率的问题。我们常能听见员工抱怨说：三天一大改，两天一小改。而实际情况也的确如此。然而，很多时候员工在抱怨改变过于频繁之时，实际上是在说自己根本不想接受任何改变。我将在书中阐述，如何通过追踪调查、与特定员工沟通谈话，来确定他们的真实想法以及对改变的接受程度。

另一个值得思考的关键问题是，教职工通常将大小不一的任何改变都视作翻天覆地的大动作，同时感受到巨大的压力。这听上去不合逻辑，但却真实存在。因此在施行变革计划时，我们应当先确定是否值得做出此项改变。如果答案是肯定的，那么我们应当进一步思考如何执行改变：是一次性进行所有改变项目，还是分阶段一次只完成一个改变项目。通常而言，如果执行得当，那么一次性进行全部改变才是最优解。本书将提供这方面的相关帮助。如果恰逢一些水到渠成的重大变化发生之时，比如新学校落成，那么更是推行各种变革计划的最佳契机。崭新的校园为接纳各种改变提供了天然的平台。另外，新校园也应当一次性进行所有所需的新改变。比起暂缓某些改变项目或分阶段完成改变，我们更应该让教职工和学校趁此时机推行所有变革计划，完成重大提升和进步。

在施行各项变革计划时，应当时刻牢记以上两点。另外，我们也应当确定变革计划将对学校起到积极作用，从而削弱教职工对未来变革计划的抗拒感。

在达到目标后，我们是否真正感到愉悦

有时候，似乎我们的教育工作都是为了满足某些指标而完成的。如果无法将一项工作成果放在某个狭义的规则里评价，似乎就没有继续进行该项工作的必要。同时，我们也发现这些指标在不断变化。我们经常在教学工作中遭遇如下情景："这是教育工作的重中之重；等一等，大家把之前的工作先放一放，这才是教育的核心重点；不，再等等……"如果真的把工作的注意力完全集中在某些狭窄的标准上，忽视其余所有方面，那么我们就必须足够自信地确认，这些指标或标准的确是教育的关键所在。因为一旦我们做出决定，这就将成为学校教育工作的核心。（除非这个指标是：降低儿童肥胖症比例。）

举个例子，如果学校决定将"用右手抛硬币"列为学生必须掌握的关键技能，那么教师就会全力培训学生熟练掌握该项技能。在教学过程中教师只能不断祈祷，这个达标项千万别变成"用左手抛硬币"。如果当学生终于掌

握右手抛硬币的技能时，学校又明确改变要求，将左手抛硬币定为关键技能，那么，教师之前的教学成果还有任何意义或价值吗？我相信教师有能力让学生在任何知识和技能上得到提升，但教育的意义在于，帮助学生获取相较而言更为重要的知识和技能。

每当有人提议，教育界相关部门在颁布新的教育法案前应当亲自去学校里执教一年以上时，我都会报之一笑。我并不建议这么做，至少我不愿意让他们去我孩子的学校教书。教学对于任何新手而言，都是无比艰难的任务。想想看，如果相关人员真的要来学校教课，我们得对其进行多久的指导啊！

不可否认的是，学校中的考试让教学工作更具目标性，让所有教职工集中注意力，更精准地完成课程安排、阶段性成果等方面工作。那么，这样做的代价又是什么呢？其中一个严重问题在于，这样以考试为目标的教育理念束缚了最优秀的教师。比如说，如果考试只考光合作用的定义，那我们为什么要教导学生探究原子的奥秘？如果只基于二维空间考查测量，我们为什么要自找麻烦探寻三维的世界？

然而，最优秀的教师总是想将学生带到更高的地方领略知识的海洋。他们为年轻人呈现出理想的宽度和梦想的厚度。当你追忆起那位给过自己最多指导的老师时，就能体会这句话的含义——他们让你认可自己的聪慧和特别。我们需要思考的是，是否真的要阻拦这样的教师？

我常对我的孩子们说，墨守成规者永远不能找到攻克癌症的方法。我十分憧憬人类可以攻克癌症。然而，如果考试不考这个，我们又如何达成这个目标呢？

一位朋友曾说过："如果想去月球，我们就不能不断地制造更快的列车；我们应该在适当的时候制造火箭。"

每个学生就如一罐充满潜力的瓶子。我们的责任是打开瓶盖，为他们指明方向，而不是收紧瓶口，限制他们的创造力。

限制梦想就是限制可能性。教师与学生之间能够相互赠予的最好礼物就是自信心。我们也应该明确，这就是教育之路的最终目标。如若不然，我们的努力将是一场空。卓尔不群的教师自然懂得这一点。他们知道对与错，知道如何更好地教育学生。我们也应该确保不限制他们的工作。学校里的卓越教师不需要学术研究来教育他们如何教学。我们甚至需要他们去探索解决问题的新方法，然后我们应该去研究他们的教学经验。

祝你阅读愉快！

9条建议抢先看

第1条：明确改变内容

第2条：确保首秀圆满成功

第3条：锁定关键人物

第4条：寻找切入点

第5条：削弱抵触情绪

第6条：管控情绪的力量

第7条：增加认可，推动执行

第8条：巩固新行为，强化尝试意愿

第9条：多种策略融合使用

第2章

明确改变内容

本书旨在协助你和你的团队，成功执行需要的或期望的校园变革计划。阅读本书的挑战在于，你需要选择一项变革计划，一步步尽可能有效且高效地执行。

如果哪个学校或学区需要3—7年的窗口期才能实现某项提升，你还愿意让自己的孩子在那里接受教育吗？肯定不愿意。我们都希望学校能够高效运行，特别是在教育我们自己的孩子时。而且，我们的目标是不断正向推动学校并且取得重大进步，因此我们希望每一项变革计划都能为今后的发展奠定坚实的基础，让我们能自豪地在此之上继续建设学校。

追求高效的一个简单的理由在于：教育工作至关重要，经不起长达数年的时间来落实某项变革计划。

我们不如从确定具体的变革计划入手，思考学校究竟需要何种改变。分享一个小故事，我在大学时期曾有一个心仪的约会对象。然而，我既不知如何开口，也不知该说些什么。我并不自信，没有尝试一番的勇气。最后，我只得对一位老友吐露了这年少的烦恼。她反问我说："你想要什么样的约会？"

她接着解释道，如果想约对方一同学习，就从某个难题展开话题："课后一起去图书馆解决这个问题吧？"如果想约对方参加集体活动，可以这么开口："我和几个朋友想在周日玩小型高尔夫，你要不要一起呢？"她又说："别一开口就直接邀请她做你的毕业晚会舞伴；你应该一步步来，最后再邀请她做你的舞伴。"

不过本书并不是为了解决爱情难题，我只是希望能形象地阐述，你该如何推动学校朝着既定目标前进。你的第一步应当是明确目标。这听上去或许简单，但通往成功的道路要从清晰地确认目标开始。

问题是什么

我曾有幸与诸多领域的专家领导共事。有时我们的工作是引领改变；有时是组织员工培养技能，或者是激励员工士气。近期我的工作是，帮助一些领导解决工作单位的员工激励问题。其中有位领导与我讨论了一位让他尤为头疼的教职工。

“问题是什么？”我问道。“旷工。”他回答道。我又问：“但是，问题在哪里？”然而，我得到了同样的回答：“旷工。”我只得再问一遍：“真正的问题在哪里？”（之后你会明白我作为顾问，为何会如此不断追问！）

然后我解释说，员工旷工只是现象并不是问题。这位员工仅仅只是在岗时间短，还是就算坐在办公桌前也无法良好地完成工作？在我们开始行动之前，应当先确定目标。我们是想让该员工按时到岗，还是想凭借其糟糕的旷工记录合理地将其辞退？只有先明确目的，才能找到解决方案。

这项原则适用于各个方面。我们面临的挑战是要帮助学生提高阅读的考试分数，还是要提升他们的阅读能力？或者需要两者兼顾？是校园本身不安全，还是校园里的人感到不安全？学校需要正式执行新的惩罚措施，还是仅仅希望学生表现良好？是学校未能看见教师的价值，还是教师不能从工作中获得价值感？学校的目标是推行专业学习共同体，还是想要通过建立专业学习共同体来帮助学生提升学习能力？我不能替你回答这些问题，但在你做出决策之前，你有必要先回答此类问题。

另外，你需要确定新举措的影响范围。这项变革计划只适用于一年级吗？只适用于某个专业或团队？还是适应整所学校？或是整个学区？

如果你想通过开早会来提振教职工士气，那么这么做会不会挤占午休时间，让食堂人流更加拥挤？如果允许学生在室外就餐，那是否需要相应地增设监控设备？如果要增加文学课程，那么是否需要压缩数学和音乐课？

我们不仅要考虑变革计划所影响的人员，还应考虑该项改变引起的普遍影响。

还有一个需要考虑在内的变量：我们想要推行的变革计划是否具备群众基础。有时候，教职工本身也希望或需要某种改变，但很多时候我们都忽略了这一点，让此项变革计划看上去像是外界强加的一样。如果我们在推行变革计划时能考虑到这一点，就能提高变革计划的成功率。

改变的三个层次

我书架上陈列的许多书，阐述了对此问题的诸多见解。有的作者认为，改变应当分阶段；有的认为，应当区分改变的发展期、过渡期和转换期；还有的则认为，改变应当细分为不同子类。这些见解都有其合理之处，或许他们的观点都更为传统。这里，我从我们做事的目标出发，将改变分为三个层次：程序改变、结构改变以及文化改变（见图2.1）。

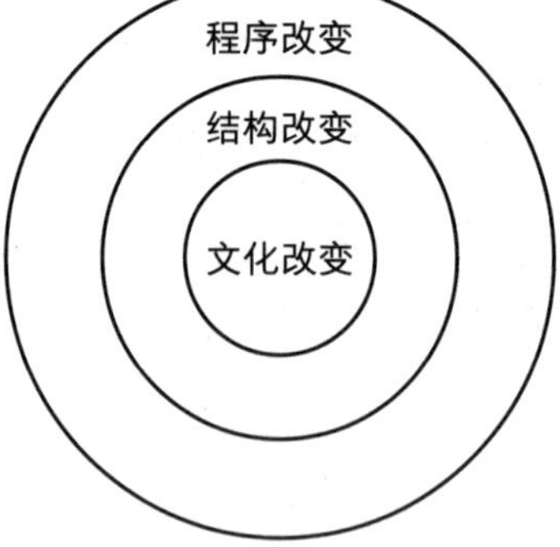

图2.1　改变的三个层次

这三个层次看上去似乎隐含什么艰涩的道理，但其实就是字面含义。在阅读本章节的过程中，请始终牢记，人们通常将所有类型的改变都视作翻天覆地的大变动——即便是常用的停车位突然被别人占了这类琐事。明确改变的这三个层次，能够帮助我们更高效地引领变革计划。

程序改变

程序改变是指低层次或者技术层面的调整，通常是流程程序上的变动（正如其名）。以下是程序改变的一些例子：

- 将教师的点名时间从上课之初调整到临近下课前。
- 将消防演练方案中的“以年级为单位集合”更改为“以班级为单位集合”。
- 将午餐的用餐顺序从固定的以班级序号为顺序更改为每周调换一次的顺序。

一般来说程序改变简洁明了，你只用一个备忘录或一封邮件就能将改变的内容传达到位。不过我们知道最好不要依赖邮件来传达变革计划，不论这个改变是简单的还是复杂的！

我将程序改变形容为简洁明了，并不意味着容易执行。我们应当谨记：如果未能周全处理，再小的变革计划都可能酿成大问题。

结构改变

虽然结构改变比程序改变更为复杂，但仍是管理或组织层面的问题。结构改变的例子如下：

- 在一所高中推行板块式课程表[①]。
- 更换一所初中里使用的数学教科书。

① 一种弹性课程安排形式，20 世纪 90 年代以来在美国各州的高中阶段逐步推行。——译者注

♦ 由于教育预算问题，扩大学区内所有学校的班级容量。

这些变革计划都涉及学校的结构变化，但并不会引起人的改变。你或许会认为，这些确实影响到教师和学生了！你或许是对的，但是结构改变并不意味着一定要改变人的行为方式。比如说，如果高中的某课程时间从每天50分钟课变为隔天90分钟，那么教师就需要准备9张备课单而不是5张；然而就算如此，这位教师每10分钟课一张备课单的授课方式并未改变。更换了新的数学教科书也并不意味着教师需要改变自己的授课习惯。这种结构改变并不一定改变课堂内人员的行为习惯。

当你了解了下一个层次的改变时，就能理解上述说法的含义了。

文化改变

文化改变涉及改变校内人员的行为表现，是更具挑战性且更为复杂的工作。改变校园文化意味着改变校内人员的精神层面。

这里举一个经典的例子：学校决定“从今天起，我们做的每一个决定都是基于对学生的考虑”。这可能意味着改变课堂点名的时间（程序改变），也可能意味着改变课程安排（结构改变）。而如果学校决定，更多的实践活动能让学生学得更好，这就意味着教师需要改变授课方式了。

别说让所有教师，就是让一位教师改变授课习惯和学习方式都是艰巨的任务，但这并非不可能完成。

等一等——这岂不是需要增加额外工作了？是的。文化改变十分困难，通常会激起教职工的反抗情绪。正是因为额外增加的工作量，教职工还可能会表现出恐惧。

但文化改变一旦成功，即大家都认同每个决策都应基于对学生的考虑，你就会发现之后再进行程序改变和结构改变会变得容易许多。

理解改变的不同层次

假如一所学校正在进行专业学习共同体建设，学校的教师和后勤管理人员需要共同明确并执行提升学生学习效果的措施。现在问你自己一个问题：这是什么层次的改变？我不知道你的答案是什么，但我猜会是结构改变和文化改变的其中之一。我曾对大量教育工作者进行问卷调查，这两个是最常见的答案。然而，真正的答案却有些让人费解。如果你强制执行专业学习共同体计划，那就算是一项结构改变。你可以设定具体会议日程，准备专业学习共同体手册，制订该共同体应当完成哪些任务。你可以实现该项结构改变，也可以滔滔不绝地谈论其中的优点。然而，推动教职工切实执行共同体研究的方案并非易事。如果要让这个改变真正具有意义，那么教职工就必须改变自己的行为表现，而这就是文化改变：与结构改变截然不同。

我指导过诸多教育领导力团队会议，会议上来自学校或学区的数位教育从业者组成一组，共同设计执行某项改变的“行动计划”。一些小组带着明确的目标前来参与；其他小组在现场制定目标。首先，我让各小组写出变革计划的名称，并且讨论确定它属于什么层次的改变。通常来说，各小组给出的答案包含三个层次的改变。这也合理：一些目标本身就属于程序改变，另一些属于结构改变或文化改变。然而，随着我们继续展开，各小组通常都会发现，如果想高效率地执行结构改变甚至程序改变，都需要校园文化层面的改变。下面我来举个例子进行说明。

领导小组决定在学校执行新的纪律规范。这或许是因为教师感觉学生的表现不佳；或许是因为家长提出了意见；或许是学区或国家层面颁布了新的规范要求。最初，校领导小组认为这项举措属于结构改变。在此项变革计划中校领导会修改规定，对迟到次数过多的学生进行处罚，会延长参与打架斗殴学生的停课反省时间，或者会规范课间学生在过道穿梭往返的路线。显然，领导小组将经过深思熟虑，颁布合理可行的新规定。然而，领导小组之所以需要新的行为规范处理校园中存在的问题，根本原因在于学校应当进行文化改变。

领导小组究竟期望得到怎样的结果？他们的目标是颁布新的规范准则，还是改善学生的行为表现？这两个目标之间的差别便是结构改变和文化改变之间的差别。文化改变将改变人们的行为举止。另外，颁布这样一份新的规范准则对学校里成年人的行为表现几乎起不到任何作用（除了需要处罚违规学生的校长助理之外）。而且，真正改善学生行为表现又是另一个问题。

我们需谨记，改变学生行为表现的必要条件是改变成年人的行为表现。

我们都明白，改善学生行为表现的关键在于让学校这个共同体内的成年人包括教师、后勤管理人员、校车司机以及其他教职工等都表现出得体的行为举止。这意味着我们需要改变自己的行为举止——这就是校园文化改变！

请记住，任何我们想要改变成年人的行为举止的举措都属于文化改变。要求教师将点名的时间从上课时改到下课前，看上去像是一项程序改变。然而，让他们切实执行此要求却是一项校园文化改变。

两个重要观点

在我们继续下一章关于如何开展和维持变革计划的策略之前，我还想强调两个作为本书基石的观点。

第一个观点是，校园文化改变是极具挑战的一类改变任务。如果你所在学校的文化氛围是“任何决策都以学生进步为中心”，那么程序改变和结构改变推行起来都比较容易。你只需要阐明这些变革计划的确能促进学生学习，符合校园文化氛围，所有教职工都应参与进来。但是，很少有学校或机构拥有如此浓烈的积极氛围，因此在大多数情况下，我们需要进行文化改变才能达到预期目标。也正因如此，你在阅读本书的过程中，应当将变革的精力集中在校园文化改变的层次。如果文化改变得以顺利推行，那么推行管理程序改变和结构改变，于你来说就更得心应手。

第二个我想强调的观点是，如果你从变革计划一开始就采取了正确的策略，那么改变的效果会很快显现。可能你曾听别人说，想要改变学校或机构的文化氛围至少需要5年的时间。然而，事实上我们现在就要做出改变，可没有5年之久的时间留给学校，使之变得更加高效。或许我们无法在5分钟里做出重大改变，但5周或5个月足以让我们看见变化。接下来我就举个例子，你会看见文化改变的成效可以在多短时间里呈现出来。

试想围绕每天、每周或更低频次的家庭晚餐的文化氛围。我们会遵照一定的行为模式：家人落座的位置、由谁主厨、由谁进行餐后打扫、谁会缺席或提早离席。即便是晚餐的闲聊时光也有明确的节奏，往往总是同一群人最为健谈，说的也几乎是相似的话题，也总有一些话题大家唯恐避之不及。

现在试想，家里来了一位客人共进晚餐。有人需要调换座位。聊天的内容也将改变，或许还是旧话题，但内容却更加新鲜。不论家里的晚餐文化如何根深蒂固，新来者总能改变原本的氛围。如果这位客人经常来访，本人又极具影响力，那么新的晚餐氛围就会维持一段时间，甚至更久，或许永久改变。（如果你对我说的这点不以为然，不如想象一个新生儿给家里带来的改变！）

制订更高目标

我们可以从中学到什么道理呢？我们应当将目光放得更高。改善我们的课堂和学校意味着提升全体教职工的技能和工作质量。当你将重大改变作为目标时，你和你的团队就能开展工作。在共同努力下，我们就能做出改变。

纸上得来终觉浅

本书第169—171页中，列出了几项能够帮助你明确自己校园改变类型的任务。进行这些任务也能帮助你理解前期和现行的变革计划，明了之前的变革计划为何成功或失败，为何达到或未达到预期效果。另外，这些任务还能让你更加专注于学校或学区的变革计划。

第3章

确保首秀圆满成功

以我的过往经验来看，一个强有力的开端始终是顺利落实变革计划的关键要素。我曾与诸多教育机构和院校合作过，已经几乎能通过观察变革计划的最初执行状态，预测出该计划是否能顺利展开。就如观察一粒思想种子的播种情况，就能预想到它能否顺利生根发芽一样。因此，推动让学校变得更好的变革计划的第二条建议便是：强有力的首秀是这项变革计划顺利展开的必需基础。

初印象的重要性：以新店开张为例

我们总能在美国的街头巷尾看见有新饭店开张营业。各式各样的饭店百花齐放，有菜单精美的高档餐厅、夫妻经营的温馨小店、快餐连锁店以及别有风味的特色餐馆。有些饭店的食客熙熙攘攘，有些饭店接二连三地开着分店，但另一些饭店却在开张数月后悄无声息地关门闭业。事实上，最容易倒闭的营生也是饭店。那么，这些倒闭的饭店出了什么问题呢？

当然，许多因素都会影响饭店的生意。许多店家只因一时兴起便开起了餐馆，却不知道如何经营。（在教育行业中也会出现类似的情况：我们都上过学，因此以为自己有经验成为一个办学专家！）流连过无数餐厅的美食家便理所当然地认为，自己也一定有能力运营好一家餐馆。但事实却并非如此。美食品鉴家比比皆是，但优秀的餐厅老板却凤毛麟角。他需要考虑好诸多方面的问题：菜品价格、同行竞争、菜单选择、店面装修风格、选址、服务，等等。然而最为重要的一点在于，如何为食客营造出完美的初印象。

当得知附近有餐馆开张时，你总会感到新奇和兴奋。你路过街道，发现路边的店面正隔着围挡装修。围挡上写着新店开张的时间，印着精美的菜肴图片。之后终于等来了餐馆迎客，当你迫不及待走进店内时，一瞬间所有的期待化为失望。餐馆里十分拥挤——虽然这应当是个好兆头——厨房送出的菜肴总是与你这桌擦肩而过，厨师也显然没能烹饪出图片上那些让人垂涎三尺的菜品。

餐馆老板可能会想：“开张第一周虽然不顺利，但我们一定会走上正轨的。”然而，许多食客并不会给一家餐厅第二次机会。当他们与旁人闲聊时，也会让别人对这家餐厅失去兴趣。

如果说记住一件事情需要1分钟，那么忘却此事则需要8分钟。

如此说来，这家餐馆已经无可救药了吗？那倒也不是。然而，店家确实失去了宣扬自家餐馆的绝佳机会。

换句话说，如果餐馆给食客留下了糟糕的初印象，那就需要许多次美好的就餐体验才得以弥补。

与之相比，另一些新餐馆并不急于全面开张，而是精心挑选出部分食客，邀请他们来店试吃。这种餐馆会在正式开张之前，通过小范围的试营业来照顾到各方面的问题，期望在开张首秀时营造出完美的初印象。我们可以将这种经营策略直接类比到推行校园变革计划的策略中。

如何颁布强制性的变革计划

我们回过头来，讨论一下所有学校都经历过的强制性变革计划。我们对于《有教无类法案》(又译《不让一个孩子落后法案》)总是褒贬不一，有人觉得该法案优点很多，有人觉得该法案限制很多。但不可否认的是，该法案面临着一群态度坚决的反对者。就我看来，该项法案开局不利的一大原因在于，相关人员未能让教育工作者从正确的角度认识该法案中的种种规定。诸多事实表明，教育局发言人（或许他们没派出最优秀的发言人）在讲述法案将带来的前景蓝图时，让教育工作者感受到了某种威胁。教育局通常这样介绍该法案："我们已然敬告多次有教无类的重要性！你们最好用心教育每一位学生，一个都不能少。如果你们做不到，那就别怪我们了。我们会出台让你们后悔不已的惩罚措施！现在，让我们欢迎这项新计划《有教无类法案》……"

虽说目前该法案又显现出其他方面的问题，但最初的负面印象毫无疑问地触发了抵制情绪，让法案的拥护者很难引导众人理智地思考法案的正面影响。许多开局不利的变革计划，在开端就背上了重担而难以前行，最后不得不改头换面，换个名称重新开始。

介绍一项新的变革计划就如介绍一位新领导：初印象十分重要，包括首次与人会面的方式、传达消息的态度以及表现出的情绪。我们应在与他人共事前，建立良好的合作信任关系，想要执行新的变革计划也应是同样的道理。当校领导小组开始酝酿新的变革计划（不论是程序改变、结构改变还是文化改变）时，你需要提前确保尽可能地以积极正面的方式向教职工传达变革计划。

高效能的教师会在每学期初始进行类似的工作。他们明白开学第一天与新生的首次见面将为接下来的整个学年定下基调。师生之间的初印象将影响这一学年的氛围是对抗博弈，还是携手前行。

传达"二手观点"难以高效地开展变革计划

我们在专家论坛听了一场振奋人心的讲座，对演讲中的新观点感到心潮澎湃。我们对演讲内容的初印象绝佳，兴奋地想要与同事分享，让他们也赞同并执行专家的建议（比如说"项目式学习"）。于是我们急匆匆地赶回学校，着手开始宣传心目中最优秀的学习方法。然而，事与愿违，我们的热情似乎无法感染到其他教职工，新计划的进展也不尽如人意。一些教职工对此不以为然，还有一些表现出抵触情绪，甚至有人激烈地反对。那么，究竟哪里出了问题呢？

让我们从头捋一捋。你先是参加了教育论坛，一位充满激情的专业演说员为你呈现了“项目式学习”的各种优点。你或许比你的同事们更容易接受新事物，甚至已开始对演讲内容深信不疑。和你一同参会的其他听众或许已经接触过这种学习方法，他们来这里是为了获取更详细的观点。如果是这样，他们很可能与你一样对这种学习方法感到激动不已。于是，你会觉得你的同事们也应当表现出相同的热情。然而，当你回到学校宣传此观点时，你没有完美的幻灯片辅助，也不具备专业演说家的感染力。你甚至还不会在正式传达“项目式学习”的观点前，用一个恰当的笑话开场，为大家活跃气氛。

你有没有试过将脱口秀上让你捧腹的段子讲给朋友听？有时候，你的朋友并不觉得好笑。这是为什么呢？首先，你并不是一位专业的脱口秀演员，缺乏多年的舞台表演经验。你也没有提词器来确保一字不差地复述笑话，不能在每个正确的地方停顿。另外，你也没有助手在每个梗结束后，举着“快笑”的提示牌展示给台下观众示意。

但是，也不要觉得自己连复述笑话这点小事都做不好，不如想一想传话筒游戏。由第一个人悄声将一句话说给第二个人听，再由第二个人复述给第三个人。这句话传了一圈后，将变得面目全非。比如说，从“为什么消防员身着红色的吊带裤？为了扎紧裤子！”变成了“消防员穿什么颜色的吊带裤？红色！”。

你向同事传达一个新的观点时，也会发生同样的事情。观点在传播的过程中将变形。一些人还会从负面的角度加入自己的杜撰——“你永远也猜不到，他们会强迫我们做些什么！”

传达二手观点确实会让我们难以高效地开展变革计划。那么，我们该如何减少这种“二手”影响呢？

当然，学校并不可能让所有教职工都去参加专家论坛。我们总是需要那些与会人员回到学校传达会议内容。

先精心准备，再传达

许多人来到我的教学领导力研讨会时已然有了变革计划的草案，还有一部分人是在与我交谈的过程中产生了改变的想法。不论以上哪一种情况，我让他们确保：不在中途休息时，通过手机通知同事关于变革计划的内容和想法。我也提醒他们，就算回到学校，也不要急于传达新的观点，而是应当慎重思考如何宣传新观点。就如同优秀的教师会用心安排教室布局，思考迎接学生的方式，甚至会考虑如何更加安全地使用削笔刀。高效能的校领导也应在踏出每一步前，用心思考开展工作的方式和方法。

特邀演讲嘉宾站台

凯西·施滕格尔（Casey Stengel）是一位颇具传奇色彩的纽约洋基棒球队经理。他曾形容棒球队中有三种球员：“一些人爱你，一些人恨你，还有一些人在这之间左右摇摆。”他认为处理这种情况的关键在于，让那几个恨你的人远离那些举棋不定的人！同样的道理，学校里完全反对改变的教师只占少数，完全支持改变的教师也只占少数，其他大部分都是中间派。不过，这些中间派一旦选边站队，就很可能长时间态度顽固（甚至在今后的变革计划中，也将保持同样的态度）。因此，要想尽可能获得更多支持，要想尽可能迅速地开展变革计划，其中一个方法便是，在首次宣传新观点时，邀请专业的演讲嘉宾或者客座咨询前来为你站台。

邀请演讲嘉宾为你宣传新观点，利用其专业技巧和天资才能帮助你成功推行变革计划。

举个例子，假如你想在学校里推行“项目式学习”，要是你能采取积极的方法，让教职工在一开始就相信该学习方法的真实有效，那么你在之后的推行过程中就能事半功倍。与之相比，你需要花费更大的力气，才能让反对者变为支持者。（记住，忘记学过的知识比学习知识本身更加困难。）

实地调研有技巧

如果你决定要去成功实施了变革计划的学校进行实地调研，那么你就需要事先做足功课。你需要确定你的教职工在参观访问期间应当看见什么。不要随意选取几所正在施行“项目式学习”的学校进行调研，而是应当确认前去调研的学校中存在能够分享正面经验的榜样教师。如果前去调研的学校情况不足以让人信服，那么你可能需要花费更多的资金、时间和努力才能消弭教职工对于这种学习方法的负面印象。

此外，你还需要认真考虑参与调研的人员名单。初期的调研活动并不是用来争取反对者的。最初参与调研的教职工将成为“项目式学习”的校内专家。他们将获悉此项学习方法的实施过程和效果。你需要肯定，这些在前期选好的调研人员能够坚定地支持你想要推行的变革计划。换句话说，你应当派遣那些本就乐于接受改变的教职工作为先遣调研队成员，并且精心准备调研后的首次也是关键的宣讲活动。

那么，如果你的先遣调研队伍中不幸存在反对者会出现什么情况呢？最糟糕的情况是，他们在公开场合或者私下传播关于变革计划的负面消息。他们或许会说，“我拜访学校里的许多老师都认为，就不该进行项目式学习。这不仅让我们的工作量剧增，而且学生也不接受”。

是不是应该永远不安排持有反对意见的教职工前往调研呢？也不尽然。而且这样做也显然不是一种合理的长期行为。我只是不建议将反对者列入最开始的调研计划人选，应当等到最初的正面印象建立后再行考虑。另外，我也不建议将多位反对者一起派去进行调研工作。与乐观的人相处，更容易让悲观的人展露笑颜。你可以先让心态积极的教职工进行实地调研，再让他们作为后续调研的带队人。

教职工大会

如果你想在教职工大会上宣讲关于变革计划的新观念，那么应该精心调整出积极向上的口吻。在《如何应对难缠的老师》一书中，我用图示的方式展现了在教职工大会上那些持有抵触情绪的员工容易出现的位置：礼堂后排或靠近大门处。仿佛这些位置更能在情绪上保护他们。如果在你的学校里出现了此类情况，我建议你想办法调整会议中各教职工的座位。你可以根据与会人数，减少后排多余的座位，让大家坐得更紧凑一些。你也可以私下让部门主管或态度积极的教职工坐在那些习惯用言语表现消极情绪的人身边。这样一来，他们通常会有所收敛，也难以在你宣讲变革计划时频繁地翻白眼。

就算不是每次，你也应经常考虑如何安排与会人员的位置，特别是在你想要获得支持的教职工大会上。（但是，如果只在要宣布变革计划时才刻意调整座位，大家可能会关注大会礼堂的布置改变，而忽略你讲话的内容。）

另外，除教职工大会以外，你也可以组织一些小型会议，针对不同人群分批次宣讲变革计划。从那些最容易表示赞同的教职工开始，再逐渐影响到中间派。同样，你也需要思考这些会议的与会人员名单和座次安排。高效能的教师在安排小组学习任务时，特别是小组中包含问题学生时，都会经过深思熟虑。而我们在面对成年人时，特别是需要获得这些成年人对你的变革计划观点的支持时，更需要深思熟虑。

切勿提及负面影响

电影、电视剧的预告片里总是只有最精彩的片段。不论是最搞笑的桥段，还是最惊悚的画面，电影人将这些片段精心剪辑出来，向观众宣传自己的影片。预告片里绝不会出现影片中最无聊的情节、最平庸的画面。影片的宣传发行者明白，如果观众对于影片的初印象是暗淡无趣的，那么就很难吸引他们特意去看整部影片！

同样的道理，校园变革计划的首次宣传也至关重要。但几乎所有的新概念、新观点都或多或少存在潜在的缺点。如果学校要增加阅读和写作的课程，那么就要减少其他课程安排；如果学校要开展新计划，就需要投入额外的精力和资源。你将有许多其他时机可以探讨变革计划的优缺点，但在首次介绍时只能强调其优点。

小心，不要让摇晃的瓦片掉落下来，成为你出发时的障碍。

这并不意味着你需要扭曲事实或是隐瞒缺点。事实上，你也得深入思考这项变革计划可能存在的问题，并且准备好解决方案的细则，以便在有人提出质疑或表达担忧时能够及时应对。如果你觉得完成上述工作存在困难，那么至少做好仔细斟酌变革计划细则的心理准备。事实上，像“我们将会深入探讨这个问题”这样的回答，也能抚慰大家的忧虑。

在推行变革计划的初始阶段，通常需要一段时间的思考才能答复教职工提出的各种问题和担忧。这也是为什么，不要刚获知某个激动人心的新观点，就急于回到学校进行宣传。先让思绪沉淀下来，从容地思考如何完美地进行变革计划的首秀。

首秀有多重要

观众对预告片的高度评价并不一定意味着一部热播剧就此诞生，但这总归不是一件坏事。同样，即使教职工对于变革计划的初印象极佳，也不一定意味着就能成功施行。另外，就算教职工对于新规定的初印象极差，也不代表注定失败。但是通过额外的努力建立更好的初印象，能有效地提升校园变革计划顺利施行的概率。

纸上得来终觉浅

本书第171页提供了详细方法，供你来思考之前进行过的变革计划首秀是否合格。然后，你再按照本书提供的安排，为下一次变革计划首秀做出详细规划。你可以现在就翻到书后面开始尝试，也可在阅读完本书后再进行此项任务。

第4章

锁定关键人物

在我们改善校园团体动力学[①]时，需要了解团队成员的具体构成。这能提升团队管理日常工作的效率，也是施行变革计划必不可少的条件。

当然，我们知道学校的每一位教职工都很重要。然而，当学校需要改变时，我们必须清楚谁是关键人物，以及如何充分用好这些关键人物。他们的支持能让变革计划受到广泛接受，提高成功实现改变的概率。在我们开始策划一场完美的变革计划首秀前，就应当锁定谁是计划中的关键人物。

三种类型的教职工

我相信成功引领改变的重要因素之一，或者说最重要的一点在于，明确团体中的潜在动力学。我们可以通过诸多方法实现。曾担任学校管理者的阿尔伯尔博士对此提出了建设性意见，帮助我们观察教师群体的动力学。阿尔伯尔博士将教师分为三种类型：明星教师、骨干教师和末尾教师。在菲奥雷和惠特克所著的《六种类型的教师》（*Six Types of Teachers*）一书中，教师也被分为三种类型，但每种类型又被细分为两种亚类。在上述著作中，他们认为，教师主要分为：不可替代型、基层型以及可替代型。

实际上，这样的员工分类可以应用到各种行业。餐馆里有三种类型的服务员；医院里有三种类型的医生；银行里有三种类型的柜员或客户经理。这种分类也适用于学校的其他职员——校车司机、食堂厨师、宿舍管理员、辅导员，甚至院系主任和副主任。接下来，我将阐述三种类型的教师，来帮助你更清晰地理解教师的团体动力学。

不可替代型明星教师

明星教师这个头衔的要求十分苛刻。明星教师必须赢得四大群体的尊

① 团体动力学是研究诸如群体气氛、群体成员间的关系、领导作风对群体性质的影响等群体生活的动力方面的社会心理学分支。——译者注

重：学生、家长、同事和学校管理层。

- 如果你随机采访路过的学生，问“谁是你心目中最好的老师？”，那么你频繁听到的答案便是明星教师的名字。
- 家长总会要求（或希望）由明星教师教导自己的孩子。校园的各个角落也常能听闻，哪位教师的课堂生动有趣。
- 同事之间也会尊重明星教师，将他/她视为学习的榜样。即便他/她没有官职在身，同事们也愿意以其马首是瞻。
- 如果有明星教师离职，那么他/她的离职将不止影响到其授课班级。校长也将难以找到足够优秀的教师补上他/她的空缺。

明星教师凤毛麟角，标准颇高。一般而言，教师团队中仅有2%—10%的教师称得上是不可替代型明星教师。通常来说，你只能在学校里找到一或两位明星教师。就算你的学校十分幸运，拥有的明星教师也不会超过十个，即便这样，也足够让你感叹和庆幸了。

基层型骨干教师

骨干教师通常占比80%—90%。我们可以从多个角度理解这个群体，或许最简洁的方法是：如果两三位骨干教师离职，那么我们也能找到合适的人选胜任工作。新来的教师或许比原先的好一些或差一些。但这并不意味着称心如意是件易事。我们或许会想：“到哪里去找一位既能教授生物又能指导女子排球的教师呢？”或者会担忧：“谁能兼任学生会的辅导员呢——没人愿意吧！”

一些骨干教师是学校里的多面手。由于人数占比最多，骨干教师承担了校园内的大部分工作。我们经常会忽略每位骨干教师的诸多优点或特点，或许其中一些优点让他们具备成为明星教师（不可替代型）的可能，然而却由于在某些方面有所欠缺而未能如愿。

可替代型末尾教师

末尾教师与明星教师一样数量不多，仅占比5%—10%。这类教师往往让家长避之不及；这类教师总是迟到早退；这类教练总是在输掉比赛时责怪裁判。如果末尾教师离职，那么我们能轻松找到更优秀的新教师。

我们这样形容末尾教师，并不是在说他们的坏话。此类教师不太可能自动离职——由于他们的自身缺点，也很难在其他学校找到更好的工作。因此，我们需要找到恰当的方法与他们合作，推动变革计划顺利实行。在本书第9章“巩固新行为，强化尝试意愿”中，将详细讲解如何应对此类教师。

梳理师资队伍中的各种角色

我将在后文中作更为详细的描述，现在先概述不同类型教职工的特征，帮助你了解他们在学校团体动力学中所扮演的角色，无论他们的具体职务如何。你可以花费几分钟的时间，确定各位成员属于哪一种类型，然后为每个分类中的个人标注详细特征。这样长此以往地累积信息，你将发现每种类型的人都会表现出相似的特性。一般来讲，你的笔记本上会如下记录：

♦ 不可替代型明星教职工

善于沟通，善于组织领导团队，有远见，富有冒险精神；富有同情心，乐观向上，知识渊博，精力充沛，富有创造力，活力四射；具备幽默感，热爱教学工作；将学生放在首位。

♦ 基层型骨干教职工

勤奋工作；乐于奉献，忠于集体，工作量大，学识广博，坚毅；行动听指挥；喜爱教学工作；乐于尝试。

♦ 可替代型末尾教职工

懒惰，愤世嫉俗；情绪消极，能力不足，阴阳怪气；抵触改变；不懂变通；出勤率低，缺乏班级管理能力。

进步的核心在于明确团体内的人才优势，判定潜在的劣势。

我认识的一位校长指出：骨干教师具备明星教师所需的大部分特征。换句话说，基层型教师展现出许多优秀的品质，比如“将学生放在首位”等，让他们在大部分时间看上去似乎和“明星教师”相差无几。相信你在梳理学校教职工时，也会觉察到类似情况。但是我必须强调，我们应当清晰地区分各类教职工之间的界限。在末尾教师、骨干教师和明星教师之间存在两大主要区别。

各类教师见识的宽度和广度如何

以你学校里的明星教师为例。他们的见识有多宽广？在我看来，不可替代型教师需要具备大局观，以整个学校的角度思考问题。他们的所作所为都是基于对整个学校的考量，甚至考虑到对一个学区、一个市县、一个国家，乃至全球范围的影响。

学校里骨干教师的视野又有多宽广呢？在我看来，他们一般只会考虑到本班级。这股中坚力量在看待某个变革计划时，只会考虑其直接影响，比如这项改变对他们的教学工作和本班学生的影响。

那么，学校里那些末尾教师的视野又如何呢？他们的视野如同一面镜子：只看得见自己。处在末尾的教师在面对改变时，一般会问“这项变革计划对我个人有什么影响？”，而不是“这项变革计划对我的学生有什么影响？”他们不关心新的规章制度对于班级、年级、学科的改变，而只关心：

这对于我而言意味着什么？

当然，各类别的教师思路不一定都与上述描述一模一样。以上描述旨在梳理出不同类别的教师所具有的不同眼界。我们应当清楚他们之间的区别，这样在做决策和管理日常时，才能做出正确的考量。而当我们需要执行变革计划时，有明晰的教师分类更是至关重要的。另外，还有一项要素也同等重要：对于改变的动力来源。

改变的动力从何而来

那么，不同类别的教师对于改变的动力分别来自哪里呢？就我的个人经验而言，明星教师对于改变具有内驱力。他们总是在工作中不断自省，寻求更高效率的工作方式，并且自动做出改变。

骨干教师需要外在刺激来驱动他们做出改变。通常而言，他们需要外力推动，促使他们尝试不同的方法。他们在高度激励下或者明确要求时才会做出改变。骨干教师或许在变革计划的初始阶段，会抱有抵触情绪，很少情况下他们能自主做出改变。

顺便说一下，各学校的运营方式大体相同。一篇研究报告调研了700所学校，对比了运用社会经济学理论预测出的这些学校各自的考试分数与实际考试分数。结果发现，那些实际分数高于预测分数的学校具备改变的内驱力。这种内驱力不仅仅表现在课程安排和教学指导的改变上。比如说，如果这些学校的教职工不满意食堂拥挤、楼道拥堵或校车安排，那么他们就会想方设法地改变现状。而那些实际分数低于预测分数的学校，却表现出大不一样的情况。实际分数较低的学校里的教职工，只在外界强迫时才会做出改变。比如说，学校推行了新的变革计划，省市教育局颁布了新的改革方针，或者上级单位公示了新的要求。这种学校之间的区别恰好也是明星教师和骨干教师之间的差别。

那么，末尾教师的驱动力呢？我们通常认为这类可替代型的教师总是抗拒改变和进步。在我看来，不如说他们是抗拒努力工作。他们更愿意随波逐流，就算是走下坡路也无妨。假如一项改变能带来更轻松的工作，那么他们中的一些人也会乐于接受改变。我们将在第7章“管控情绪的力量”中认识到，如果改变能为他们带来更好的境遇，他们就会表现出欢迎的态度。

教师的六种细分类型

前文提到在菲奥雷和惠特克所著的《六种类型的教师》一书中，将三种类型的教职工又细分为六种。我们不妨进一步了解这些细分的类型，帮助我们更顺利地实行变革计划。

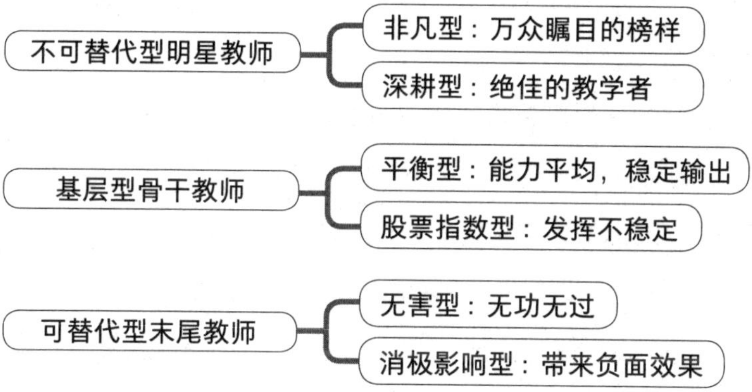

图4.1　教师的六种细分类型

不可替代型明星教师细分为两种亚类，通常根据教师在教室外的社交能力进行区分。其中一种称为非凡型。这类教师在课堂上卓尔不凡，又是天生的领导者。他们通常交际面广，能广泛影响同事。如果他们认可某个想法，就会广为宣扬，影响许多人加入浪潮。

明星教师的另一种亚类称为深耕型。这类教师在课堂上同样光彩四射，甚至更为出色。但或许不是所有人都能意识到这一点。合作过的同事都会为他们的教学能力所折服，或许还有其他人也表示敬佩，他们并不像非凡型教师那样为所有人所知。如果他们认可某个想法，并不总会利用自己的影响力去说服同事。同时，他们也不太愿意作为变革计划的先锋。

基层型骨干教师也细分为两种亚类。其中，平衡型教师的各方面能力都稳定扎实，但少有异常突出的优势。他们就像恒温器一般，不受四季变化的影响，稳定地保持在20℃。他们几乎能用同样的从容来面对名列前茅、成绩中等和学习吃力的学生。

可能没有太多学生会将骨干教师评为“最喜爱的教师”，但是也不会有学生讨厌这样的教师。平衡型教师在面临改变时，几乎会毫无怨言地接受并执行。他们并不会刻意影响他人。但如果他们对某个想法表现出不以为然，那么就会引起一些同事的警觉。

现在，我们来说股票指数型——篮球界的传奇解说员迪克·维塔莱（Dick Vitale）也这样形容过发挥不稳定的球员。这类教师展现出完全不同的面貌——工作状态起伏不定。当他们对工作充满热情时，将如明星教师一般耀眼，但他们因此也有可能会精疲力竭。如果你安排他们与充满活力的同事共事，他们也会精神百倍。但是，如果他们处于单调无聊的环境中，那么工作也将如一潭死水。如果在他们的教室里放一个热力温度计，那么今天可能是温暖的26℃，明天就变成寒冷的零下15℃。如果他们和学生合拍，就能发挥出绝佳的教学能力，但遇到另一些学生可能就教学失利。当他们面对改变时，或许会立马执行新计划。然而你也得留神，他们并不会每次都支持你的想法。

最后，可替代型末尾教师也细分为两种亚类。第一种为无害型，但或许这种称谓存在些许误导。实际上，无害型教师与消极影响型教师不过是五十步笑百步而已。学生在无害型教师的课堂上学不到太多知识，但也不至于学坏。他们的课堂没有任何让人精神一振的瞬间，也没有明显的教学事故。他们每天、每月、每年的工作都毫无波澜。当面对改变时，他们既不会倡导，也不会阻碍改变。他们只是表现出漠不关心。当新课本到来时，他们不会抱怨，只会将新版课本立在书架上，与其他老版课本为邻。他们对于改变视若无睹，他们对于课堂的危害也不易让人察觉。

消极影响型教职工不仅内心抗拒改变，还会与之斗争。他们会在大庭广众下大声疾呼表达不满，也会在私下里悄声渲染着抱怨。他们的消极情绪在课堂里弥漫，任何他们所经之处都会任由这种消极蔓延。消极影响型教职工所带来的坏处多于好处，因此如果他们离开学校，那么就是一种校园优化。当学校面临改变时，我们需要特别关注这类教师。他们或将成为改变道路上的绊脚石。另外，我们也要找到与之共事的方法，将他们的破坏力水平控制到最低。或者，我们也可以在实行变革计划时，选择绕过他们。

谁是关键人物

这六类教师中，谁在变革浪潮中扮演关键角色呢？我们当然不情愿让消极影响型教师掌控局势，也不能全力以赴地将工作重心放在毫无作为的无害派上。我们可以相信骨干教师，特别是平衡型而非股票指数型的教师。

然而，变革计划的关键人物是不可替代型教师，也就是明星教师。他们眼界宽阔，能够全面评估改变带来的影响，他们具有内驱力，能自主向前迈进。

明星教师中的非凡型教师是天生的领导者，在同事之间具有广泛的影响力。他们是变革计划的先锋。我们应该清楚，怎样促使他们吹响前进的号角，如何让他们尽可能地发挥好带头作用。

明星教师的动力源与困境

明星教师通常是“与生俱来”的教育家。这句话是我说的，因为我发现他们似乎天赋异禀，顺势而为即可成为行业里的精英。假设学校的某位明星教师改行经营麦当劳连锁餐厅，会发生什么呢？他/她或许也会成为行业的佼佼者，管理出销量冠军餐厅。那么，其他快餐厅的店主是否也会形容其为“天生的快餐经营家”？

在我看来，明星教师通常都是勤奋工作的，甚至比学校的其他任何教职工都更加勤奋。或许说他们是天生的教师也不太妥当，而应该说他们具有绝佳的天赋和更强的内驱力，而且恰好将这些才华投入到了教育行业。

那么，推动明星教师前行的动力源是什么呢？我能想到两点：他们需要自治空间；他们需要外界欣赏。

现今的教育体系并未给明星教师留出足够的自治空间。学校越发以研究论文为导向。高度受研究驱动固然有其合理之处，但我觉得有时候过犹不及。甚至对于有些院校而言，所有规章制度或变革计划都需要以既有的研究论文为基础。这样将扼制教育工作者的创新思维。如果我们的学校里存在处于业内前端的明星教师，或许还没有相关论文研究过他们的观点或教学方法——因为他们本身就是教育先锋。如果我们的学校里有类似的情况，我们应设法给思维松绑，组织开展对于校内教师创新思维的调研活动。

教育体系给那些卓越的教师设下了诸多限制，应试教育便是其中之一。标准化考试并不欣赏明星教师的创造力，也不能评价他们为课堂做出的杰出工作。如果考试只考查两位数加法，那么教师就不太可能在课堂上提及三位数加法。然而，墨守成规的追随者永远不能攻克癌症，但勇于探索的冒险者至少拥有机会。我们应当为明星教师松绑。

除了自治空间以外，明星教师还需要外界的肯定和欣赏。这不是说他们渴望金光闪闪的奖章或者年度教师的奖状，而是指他们需要获得认同感，需要别人肯定他们的工作表现优于其他教师。我们必须把握好其中的方式和程度，以免别人将明星教师误认为是“校长办公室的溜须拍马之徒”。

这里顺便引出一个相关问题。在第3章“确保首秀圆满成功”中，我提到一种在教职工大会中从位置上分散消极情绪者的技巧。我们可以暗中安排乐观积极的员工，坐在那些抱怨不断的员工身旁。而对待明星教师，我们应该采取另一种方式：你需要注意，不要每次开会都习惯性地坐在明星教师身边。这或许会显露出你作为领导的偏袒，可能会削弱明星教师在教职工中的声望和影响力。不过，你应当将明星教师纳入教育先锋的行列，向你制定的新目标前进。

无须揣测明星教师

明星教师应当从一开始就参与进你绘制的计划蓝图中。如果学校里最优秀的教师不赞同某个想法，那么其他教职工认同这个想法的概率又有多大呢？更为重要的是，你或许应当思考：这个想法究竟是不是个好想法呢？要知道，明星教师不会仅从自身利益出发，或者局限于本班级的视角，他们会根据全校的利益来评估新想法的好坏。

最妙的是，你都不用揣测明星教师的想法，你可以直接询问他们的意见。因为，明星教师的一大优点在于：可以直视你的眼睛，告诉你他的真实想法。他们也不会四处宣扬你曾问过他们的意见。明星教师没有四处八卦的习惯，这也是他们赢得同事尊敬的原因之一。

人比计划更重要

变革计划成功实施的关键在于：知道如何起步，明确从哪一类人群开始。

你越是熟悉学校的教职工，就越能高效地领导他们朝着既定目标前行。

我举个例子，帮助你理解明星教师的可贵之处。假设你的学校或学区正面临着高退学率的问题。这对于任何学校而言都是棘手而严峻的。现在，你设想一下学校里最优秀的明星教师会如何行动。

如果让学校的明星教师静静地在教室里待上20分钟，思考如何降低学校或学区的退学率。无论他们是给小学一年级、大一新生授课或是教授高等数学等课程，让他们安静地思考20分钟，其间不借助任何工具。

他们能想出多少种办法呢？至少12种方法，你同意吗？或许他们还能给出更多解决方案，我们就算12种方法吧。其中有多少是好方法呢？似乎这12种都挺好？那么，这些好办法中有多少需要他们付出额外工作呢？答案是：全都需要。也就是说，明星教师可以通过自主思考，找到解决问题的方法，即便这将增加自己的工作量也毫不在意。

现在，我们将明星教师与其他教师作对比。在骨干教师和末尾教师中随机选择一些人，不用让他们分别在不同教室里独自思考，可以让他们聚在一起想办法，其间还可以借助互联网或其他工具。他们又能想出多少办法呢？6个？其中有多少称得上是好办法呢？3个？那么，有多少方法需要他们付出额外精力而没有获得额外收入呢?

当然，一部分骨干教师善于思考，也愿意增加自己的工作量来帮助学生和学校。但能同时做到这两点的人仅是少数。然而，既能够发掘出这样的人才，又能自主思考出可行的解决办法的人更是天赋异禀。在我们开展变革计划时，必须始终明晰明星教师在其中扮演的重要角色以及必须起到的作用。

纸上得来终觉浅

本书第172—173页提供了详细步骤，让你能更明确地认识变革计划开展过程中的关键人物。按照书中所述的步骤逐一执行，你就能将头脑中的观点实际应用在自己的学校中。

第5章

寻找切入点

实行变革计划的一大难点在于寻找恰当的切入时机。更明确地说，我们需要思考应该从团队中的哪部分人员开始执行改变。我们是否应当把精力放在进一步巩固那些支持变革计划的教职工身上？我们是否应该增加那群最辛苦的教职工肩上的重担？又或者应该耗费精力鼓励校内消极分子，让他们尝试接受变革计划？

正确的切入点就如同开启成功之门的钥匙。

以点带面，打开局面

过去几年里，我有幸能指导一些学术论文写作。这些学生的论文通常覆盖面广、知识结构复杂，看上去让人望而却步。通常来说，研究结束后开始动笔那一刻才是最令人生畏的时刻。我建议我的博士生，不用非得等到构思成熟时才开始下笔，可以从某一页开始写——最好是自己当下最想写的那部分。这或许是论文正中间的某一章节，也可以是末尾的内容；又或许他们会在论文的修改阶段最终完全删除这部分文字。但不论怎样，只要动笔，哪怕是先从一个板块开始，就意味着他们至少启程了。

与之相比，执行校园变革计划也有异曲同工之妙。如果认为动员全体教职工这项工作过于艰巨，那么可以先号召他们中的一部分人——最好是那些本就乐于改变、敢于突破的教职工。若是这群人中正好有几个人本身就具备影响力，那改变周围同事的想法，带动大家一同加入改变浪潮的好处也就不言而喻了。

阻力更小的教职工群体更能接受改变

有时候直觉告诉我们，应当将精力放在如何争取反对者上，特别要针对那些敌视改变的教职工。然而，这种直觉通常都是错误的。我们将在下一章中具体讨论如何应对变革计划的反对者，到时候也将提出新的应对策略，用于削弱其抵触情绪。不过现在，我们还是继续刚才的话题：变革计划的切入点应当是那些更容易接受改变的人群。为了提高变革计划的成功率，我们应当从明星教师和新手教师开始进行变革计划的宣传工作。

从明星教师入手

直截了当地说，明星教师会竭尽全力支持你的工作和想法，并且能出色地完成任务。他们的助力将使变革计划闪亮登场，同时也将为其他教职工树立良好的榜样。骨干教师尊敬明星教师，会跟随他们的方向前行。在校园变革计划逐步扩大影响范围的过程中，每位教职工都将对改变抱有良好正面的初印象，就如第3章中所描述的那样。

作为领导，我们绝不能让最薄弱的环节决定学校的未来。

绿湾包装工队（一支美国美式橄榄球球队）的传奇教练文斯·隆巴迪（Vince Lombardi）曾言，“一支球队的实力取决于其薄弱之处”。如果使用恰当，这句话可以作为激励人心的座右铭。为了增强球队的综合实力，球员和球队在继续发扬优势之外，还必须锤炼其薄弱环节。打个比方说，在车轮没有安装到位的情况下，就算每周检查一次发动机，也无法增加汽车的燃油里程。

我们不太会给末尾员工设定太多要求，也不可能将权利交给工作效率最低下的员工。当我们决定做出改变时，必须依靠团队中最坚实的纽带——也就是明星教师。这样才能为校园变革计划铺垫开阔而平坦的道路。

避免让明星教师过度劳累

一位友人曾信奉这样一句话：想要事办好，去找忙碌人。他还认为："那些不断强调自己精疲力竭的人，也许根本没有真正忙碌过！"这些表述多少有些道理，或者可以说非常有道理。不过我们也要思考，不要总将工作压力留给能者多劳的明星教师。那么，我们又该在何处寻找平衡点呢？

首先我们需要清楚，有些工作只能交给明星教师才能妥善完成，我们必须确保给他们预留足够多的精力应对。但这并不意味着，完全不安排明星教师去做一些类似管理课间时间或午餐纪律的额外任务。因为不做这种安排会在无形中孤立他们，不利于团队精神的建设。我们可以让骨干教师分担一些次重要的工作，让明星教师得以脱身，出现在真正需要他们的时刻。

我曾在一所人数众多的学校担任校长一职，配有三位秘书协助工作：一位精力充沛的明星教师、一位乐观的平衡型骨干教师以及一位无害型末尾员工（还算没那么糟糕）。他们三位组成了一个不错的团队。校长办公室不可避免地存在海量的文书工作。其中一些至关重要，比如50万美元助学金的申请单。另一些则属于重复性工作，每次只需要稍微改动一些细节。这类工作虽可按部就班地完成，但也是维持学校正常运作的必要工作。还有一些就如电影《夺宝奇兵》（*Raiders of the Lost Ark*）中最后展现的那个大木箱子一样——必须具备，但却并不重要。

如何分配这些办公室工作似乎显而易见。我会诚挚地分别感谢这三位员工，向他们表达我对他们各自工作的欣赏。我一直有意为之，不让明星教师淹没在那些其余两位也能胜任的文书工作中。

如果要开展决定学校未来教育方向的总课程研讨会，请一定安排明星教师参与；如果是绿色环保大讨论或者公告栏装饰方案会，请慎重思考后再决定是否安排明星教师参与。

虽然明星教师能将工作做到圆满，但我们需要思考，如此安排明星教师的才华、时间和精力是否合理。

领导常犯的错误并不是将重要的工作交给低效能员工，而是将不重要的工作交给高效能员工。

我们必须避免浪费这些最具才华、最为勤劳的员工的时间和精力。我们应当保留他们的精力，集中在最重要的工作上。

理解成功的概率

为了避免孤立明星教师，我们可以尽可能地安排他们与其他员工组成团队进行工作。如果我们让明星教师独自完成工作，他们当然能百分之百地圆满完成任务。如果我们让一位明星教师与一位骨干教师配合完成工作，那么也几乎能百分之百地圆满完成任务。因为这个团队中有明星教师把关。就算我们将一位明星教师与两位骨干教师组队，或者是一位明星教师、一位骨干教师和一位末尾员工组队，他们圆满完成任务的概率依旧很高。为什么呢？因为团队中的明星教师总是追求完美。他们渴求完美、善于做到完美，通常而言，他们能圆满完成参与其中的任何工作。（当然，我们也不能小看团队中消极分子的作用。）

我们可以派遣一位明星教师参加关于校园优化的讲座，再让他/她将知识要点传达回学校。但是，我们有必要派遣三位明星教师共同参与讲座吗？如果我们安排一组“混合队”，就能留下其他几位明星教师在学校坐镇。同时，还能让“混合队”的队员在沟通中建立团队精神。

我们不需要在这种“混合队”中安排新手教师。他们已然要做许多工作来适应新环境。不过，当我们决定开展某些类型的变革计划时，吸纳新手教师进入宣传团队，将提升计划成功的概率。

吸纳新手教师

在新员工入职前就进行的改变，对于他们来说都不算改变，仅仅是到新环境中需要适应的规定而已。对于这些新手教师而言，他们还未养成职业习惯，没有既定预期，所以自然也就谈不上改变习惯和打破预期了。

我曾在一所仅有一个年级的学校担任校长。学校约有700名八年级学生（相当于初二学生），恰值青春期的少年们遍布校园。仅含一个年级的学校固然有诸多缺点，但也的确存在一些优势。比如说，若是想要执行新的食堂用餐规定，我们只需在学年伊始之际发布新规即可，学生们很快就能轻松适应。即便下学年想要进行一些大变动，也不会遭遇比之前的规章制度更大的抵触情绪。（不管是否予以改变，我们的校规总会遭遇一些反对的声音。毕竟我们面临着一群正值青春期的学生。）关键在于，全体教职工需要在学年初始就坚定地执行新的规章制度，不能让新入学的学生发觉有任何变化。这不是一件简单的事情。从容淡定的姿态，或者说对于任何改变不动声色，能够帮助别人接受新环境和新规则。

当我们将新手教师纳入变革计划的首轮实施中时，也应采取同样的策略。这样一来，新教师便不会知道这是学校颁布的新规定，就算他们知道，也会从容淡定，毫不介怀。另外，执行的时间点也是关键要素。变革计划的宣传和推行工作应该在学年初始进行。否则，无论新职工还是老职工都需要经历一段适应过程。为何不占据天时来开展变革计划，提升新规落地的成功率？

最后，如果新手教师在面试阶段就接触到学校的新政策，那么他们有极大的概率回答："当然，我愿意参与这项变革计划！"

入职培训始于面试阶段

新手教师需了解的相关信息以及入职培训内容可以装满好几个文件夹。其中许多都大有用处，能够帮助教师快速适应新环境。不过，正式的入职培训通常由学区级别的教育部门组织，要等各学校完成教师招聘工作后，统一于每年初秋时分开展。但是我却认为，最佳的入职培训时间是招聘面试阶段。此时，你可以介绍学校对新教师的期许，引导教师向着你希望的方向前行。

面试场合让候选的教师们处于积极配合的模式中，你一定知道为什么吧：他们想得到这份工作！此时便是询问的绝佳时机："你对于我校公开课的计划有何看法？教师可以自愿报名参加该活动。我们预计每学期将开展两至三次公开课。公开课期间，如果你需要到其他教室旁听，我们可以为你安排代课教师。当然，其他教师也会到你的课堂旁听，相互交流授课经验。那么，你愿意加入公开课计划吗？"

此时，你得到肯定答复的概率要高于这位教师整个教师生涯的其他时刻。你几乎一定能得到他充满激情的一句："我愿意！"因此，何不借此良机为你将在校园内开展的新计划或颁布的新规定招募支持者呢？在面试中，你不必刻意提出这是一项新计划或新尝试，避免他们认为自己像是实验室的小白鼠。学校的任何规章制度或项目计划对于新手教师都充满新鲜感，即便你提出一项实验性的变革计划，他们也不会产生对于"变化"的抵触感。

共同合作，提升教学质量

一些时候，新、老员工可以形成执行变革计划的完美组合。举个例子，假如你想要提升教学质量，你头脑中有两个选项：一个是让教师去其他教室旁听；另一个是让教师回顾自己的课堂录影，从中找出问题和改进方法。这两种方式都行之有效，但你会发现很难将这样的改变融入你们的校园文化。

现在我们来讨论在新手教师和明星教师中开展第一个选项的可能性。

公开课：提升教学质量

教学日里，校园的楼道和教室里开展着各式各样的活动。自我们踏入教学楼起，就很难离开人群。不过，教学的过程却是孤独的。许多学校的教师只用管好自己的一亩三分地，他们之间的联系可能是教室都位于同一个楼层过道。虽然班级里有约25位学生相伴，但我们作为教师却很少能在课上与同事交流互动。但是，你可以通过拜访其他教室来打破这种隔离感。

鼓励教师去其他课堂旁听，是提升教学质量的绝佳策略。如果学校能制订周详计划，安排教师定期开展公开课，那么每个教师都很可能成长为最佳教师。其中的道理很简单：没有人会从中吸取糟糕的教学方法。（没有人会在旁听公开课后如此总结："这种教学方式似乎毫无用处，我不如也来试试。"）自愿参与公开课活动的教师，会自发模仿那些最佳教师给出的范例。

提前计划，做好准备

即便你的终极计划是让所有教师共同参与公开课活动，也要牢记活动首秀的重要性。为了尽可能地提升计划成功的概率，请提前搭配好新手教师和最佳教师的组合。这项工作的关键在于提前计划：一般在每年四五月间，你就能知道下学年是否会有新教师到来。以下便是学校领导层开展新计划的常用步骤。

我们会在春末的教职工大会上宣布，学校将在秋季迎来5位新手教师。在传达消息时应注意不要向教职工施加压力。然后我们提出建议，为了让新教师更好地融入学校氛围，校方想让新手教师与资深教师组队，相互去对方的课堂旁听。我们无须在大会上立即询问谁愿意参与该活动。其中一部分原因在于，此时几乎只有明星教师会举手报名。虽然我们的确想让明星教师和新手教师组合，进行首批公开课活动，但是我们并不希望明星教师在公共场合表现出鹤立鸡群的姿态。（其他教师以及明星教师本人也会反感。）

我们应在临近夏季之时询问谁愿意参与公开课活动（如果实际工作在几个月后才会开始，人们更加愿意参与），不论谁（明星教师也好，末尾教师也罢）自愿报名我们都应表现出欢迎的态度。因为我们的终极目标就是在全校范围内开展公开课活动。

假如有7位在职教师报名参与公开课活动，但在面试阶段仅有5位新手教师报名，此时，我们就能筛选更为合适的在职教师参与首批公开课活动。在需要的情况下，我们甚至可以再纳入其他明星教师参与活动。不过，正如之后会提到的，我们也可以精心布局，为新手教师和一般员工组队做好铺垫工作。

一切就绪

学校里最优秀的教师在夏初时分报名参与公开课活动，而新手教师在面试中也表示愿意参与。于是，一切准备就绪。初秋时分，我们就该安排一位代课教师、助教或行政工作人员代课，以便加入公开课小组中的教师在双方协商好的时候到对方课堂进行旁听。

这样的安排是否可行呢？新手教师在明星教师的课堂上有所收获的概率有多大呢？我的答案是：接近100%。或许，我们的明星教师也能在新手教师的课堂上获益。然而，假装也好真心也罢，明星教师有多大概率表现出在新同事的课堂上有所收获呢？或者，他们有多大概率对新教师的某些闪光点表示赞许呢？我的答案还是：接近100%。因为，礼貌也是明星教师具备的品质之一。

如此来说，首次公开课活动对于双方教师而言都是成功的。因为我们的提前计划，公开课活动范围也将给全校教职工留下良好的初印象。如此，在校园里扩大公开课活动范围就变得简单多了。但是，在参与教师不断增多的过程中，我们始终需要保持前瞻思想。

保持谨慎

骨干教师会紧随明星教师的脚步前行。那么，当末尾教师也加入队伍时又会怎样呢？我们当然希望末尾教师也参与到活动中来。这类教师是我们团队中最为薄弱的一环，而此项活动又很可能提升整体教学质量。在安排这类工作态度不佳的老员工与新手教师组队之前，我们必须预先采取措施，才能控制风险，扩大收益。

这种情况下，我会按照以下方式与教师们谈话。在和新手教师完成了与明星教师的组队公开课后，我会一对一地与新手教师开展对话，询问其对公开课印象如何。我预计将会得到积极正面的答案。接下来我会继续告诉他/她，公开课是一个令双方受益的活动。我们固然希望新教师能从中提升教学能力，同样重要的是，我们认为老教师也应该有所收获，也应从新教师的课堂上学到知识。

然后，我会与即将和这位新教师组队的老教师谈话。如果此人正好是一位表现欠佳的末尾教师，我会微笑着礼貌地重申："公开课是一项令双方受益的活动。"另外，我还会特别提醒新教师，他/她有机会实践一番关于课堂反馈的临场反应，因为这位老教师在之前的公开课中曾做过示范。

与新手教师谈话的关键在于，你既要传达一定的信息，但又不能明显表现出对末尾教师的不认同。你需要将其中的微妙把握得恰到好处，才能让公开课计划朝着好的方向发展。

在小部分教师参与公开课活动并得到正向反馈后，越来越多的教师将会越发积极地参与进来。那些参与过的教师也将成为公开课的宣传者，自然而然将活动扩大到其他教师。

慢工出细活

在取得首次活动的成功后，我们可以尝试将活动推广到所有教师群体。在第8章“增加认可，推动执行”中谈论策略之时，我们还将更为详细地描述从小部分扩大到全体的过程。现在，我只简单概括一下：最好不要操之过急。我建议每次增加的组合数量不要过多。另外，不要拒绝任何自愿参与的教师，慎重对待那些拒绝参与、拒绝进步的教师。

举个例子，如果共有4位四年级教师，其中两位已经自愿参与公开课活动，那么另外两位也容易被吸纳进来，特别是当这两位是一名新手教师和一名明星教师时。

当参与的教师达到一定数量时，变革计划便能如我们所愿那般势如破竹。

随着公开课活动范围继续扩大，我们应当持续谨记将阻力降至最低。如果我们同时邀请五年级的3位教师参与活动，那么他们更容易异口同声地说：“不。”相反，如果我们找到当中的平衡型骨干教师说，四年级的那位新教师正在为下学年做课堂准备，他/她希望能学习一下如何教授五年级课程，你愿意让他/她来你这里旁听吗？如果新教师对公开课的初印象不错，那么也会愿意让这位平衡型教师来自己的课堂旁听，并乐意接受反馈。（事实上如果他/她足够自信，能自己去和五年级教师沟通则效果更佳。）如果他/她能在课堂上发现这位平衡型教师最引以自豪的闪光点，不论是其擅长的授课内容、话题还是教学手段，那么公开课活动将进展得更加顺利。这样一来，这位平衡型教师将感受到融洽从容的氛围，对公开课活动印象良好。

就如撰写论文的准毕业生总是专注于自己最想写的那部分，以此将一份令人望而生畏的论文分解成了多个易于下笔的模块那样，我们也可先从最可能自愿参与活动的教师入手，采取各个击破的方式，逐渐将活动范围扩大到全体教师。

自主发展

自主发展也是提高教学能力的好办法。自主发展指的是人们可以通过设定目标、记录日志、制订成长计划、写日记或自我反省等方法，提升自身能力。为了推动教师进行自主发展，一些学校会让教师们录制自己的课堂教学视频，用于课后观看自评。这也是我推崇的好方法。举个例子，比如奥斯卡先生可以请他的学生、社区志愿者或者相处愉快的朋友来为他录制一节选定的课堂。这位拍摄者在约定的时间进入教室，录制课堂教学内容，之后再安静离开。将唯一的一份录影交给奥斯卡先生本人。他可以自行安排时间观看，也可以决定与哪些人一同观看。

我在这里再次强调，明星教师和新手教师自愿接受新事物的可能性最大，他们是推进校园变革计划的最佳切入点。单独邀请教师参与计划比当众让大家参与更容易得到肯定的回答。永远记住，新计划的首秀十分重要，我们应当为其制定详细的计划安排。

你可以考虑建立学生录制小组，为课堂录像计划做好前期准备工作。几乎在任何年级中，都有学生精通视频录制。你也可以让媒体中心的专业人员建立一个轮值表，用于安排学生和器材进行录影工作。当录影小组准备就绪时，你便可以告知教师们这项提升教学能力的新计划。

你可以先透露，已有数位教师向你申请了课堂录影安排。然后展示实际案例，证明回顾课堂教学的确有利于自身教学能力的提升。一些需要申请美国国家委员会认证的教师或许会主动提出课堂录影的需求。那些在职深造的资深教师或许也需要课堂实践的记录。初次在课堂进行高难度实验的理科教师，或许也想重复观看成功过程，为下次课堂教学做好准备。教师或许也好奇，自己在无意识间会选择更多的男同学还是女同学进行提问，或者是否为学生留出了足够的思考时间。

你不必让对此感兴趣的教师通过当众举手的方式参与计划，而是采用线上报名或在图书馆登记报名的方式，或者两种方法同时进行。以我的经验而谈，学校里最优秀的那部分教师会最先报名参加。另外，参与的教师通常将按照以下顺序进行课堂录像活动：观看录影，发现表现欠佳的地方，找到更恰当的教学方式，再次申请课堂录影。

那么，如何对待新手教师呢？还是那句话，从面试时开始引导。询问候选教师如何看待选择某几节课进行课堂录像，以便之后自我评价和自我提升。你可以提供更详细的方案，比如可以自行选择最擅长的课堂进行录像，作为自己专业能力的证明，进而存档；也可以选择自觉有所欠缺的课堂进行录像，便于自我反省和提升；还可以随机选择一堂课录像，用于评估课堂综合表现。面试中的候选者几乎都一定会认可这项活动。为什么呢？还是那句话，他们想得到这份工作！

当这位面试者在秋季成为学校的新手教师时，提醒他/她曾经报名参与了课堂录影计划。这位教师会认为这只是一项日常工作，我们也无须提醒他/她这是个自愿选择的新计划。接下来，我们只需要确保他/她对这项活动的初印象良好便可。

从种子到树苗，从树苗到大树

作为教育工作者，我们应当清醒认识到，没有什么改变可以一蹴而就。成长是渐进的过程。我们应当从播下一个想法的种子开始，帮助一位或两位教师进行一次或两次课堂录影，以便他们进行自我提升。当这些活动逐渐形成群众基础，当思想的种子生长出根系时，或许每位教师每学年能进行至少4次课堂录影，并且邀请至少一位同事观看，进行团队讨论。当该项活动持续展开时，许多教师可能会自愿将课堂视频片段分享给学科负责人和校长请求指点和评审，以求尽可能实现自我成长。此时，你或许可以在教职工大会上播放一些片段，作为教学能力提升的成果展示。最终，你的精心布局将结出胜利的果实。这些都源于最初的那颗思想的种子以及你辛勤的浇灌。为了尽可能实现大丰收，你应当把工作重点放在那些最可能自愿参与计划的教师群体上。

第6章

削弱抵触情绪

本章可能是全书中最为枯燥的一章，不管是写作还是阅读都是如此。然而，本章确实能帮助诸多团队实现真正的进步，故而十分重要。本章不是在激励士气，而是让你进行更实际的尝试，确保学生尽可能受益，确保众多积极上进、勤劳肯干、希望学校持续进步的教师尽可能受益。但是，倘若你不能采取合理措施应对潜在的捣乱分子，那么就将损害大多数成员的利益。

将注意力放在更容易接受改变的人员身上能很大程度上提高计划成功的概率，与明星教师和新手教师合作也将使你收获良多。然而，这并不意味着我们可以忽略进步道路上那些心怀抵制情绪的员工。少数极富个性的消极人士很可能成为顽固的路障，阻碍变革计划的进程。当然，我们从一开始就知道这些。每当我们开始思考和谈论校园改变时，这些抵抗的声音就会在脑中萦绕。其中有部分教职工的抵抗情绪仅仅源于他们对于改变的恐惧，我们可以通过讲解、尝试和担保让他们愿意学习，愿意成长。真正的难题在于应对那些习惯于抵制任何事情，并且频繁将大量负面情绪带入校园的教职工。

每当我们想要进行变革计划时，通常都会习惯性地考虑到那些消极人士的心理活动。这种改变是否会让查理·克拉布特里感到不安？我们又该拿莫里·莫帕怎么办？如何让那个顽固的本·布洛克托尔妥协？

不幸的是，这些反对派很轻松就能影响改变的局势。这些年来，多少次本来可以顺利进行的校园变革计划都被这群人所妨碍。我们无法一劳永逸地解决他们，但是却可以采取一些减缓抵抗情绪的策略。

别让抱怨者控制局势

我们应当明确，这里谈论的并不是那些工作积极勤奋，只是面对改变时有些踟蹰不前的教职工群体。事实上，团队中大部分都是这样的教师。我们在这里谈论的也不是那些想要先确定这种改变能使学生受益、谨慎的教师。

这样的教师是优秀且善良的。与之相反，我们现在谈论的是那些反对明显有利于学生的改变、总给校园带来负面情绪的员工。下面我们就进入正题吧。

我们的应对策略从清晰的认知开始。我们应当清楚地认识到，这些不停抱怨的教师其实对任何事物都不满意。他们并不喜爱自己的学生，视学生家长为麻烦，将校长看作是一个整天神龙不见尾但又事必躬亲的矛盾体！他们认为自己工作太拼，但却薪水微薄。工作中全是灰暗的阴谋和陷阱。你可以想象，这样的人的生活也不会过得很顺利：待付的账单摞了一叠；隔壁的狗日夜狂吠；对教堂的牧师也不以为然。他们的车开不顺手，家庭不太和谐，身体健康也出了问题。哎哟！难怪总是一副悲催的模样。他们经常致力于让所有人不开心，更糟糕的是他们对此得心应手！

一旦我们了解到他们的行为模式，就能将这些抱怨声视作背景噪音。即便知道他们将反对任何一项校园变革计划，但也并不影响我们做出改变的决心。即便知道他们将唉声连连，我们也能从容地与其共事。即便知道他们永远表现出消极的态度，我们也能保持积极的心态。他们抱怨他们的，我们干我们的。

用安静化解戏剧性场面

《安迪 · 格里菲斯秀》（*The Andy Griffifith Show*）中有段让人印象深刻的桥段，剧中谢里夫的红发儿子奥皮结交了个名为阿诺德的新朋友。阿诺德试图通过亲身演示，教唆奥皮操控父亲谢里夫和姑妈碧怡。当阿诺德的父亲走近时，他就一屁股坐在地上猛地号啕大哭起来。他父亲立马脸色一变，急匆匆地跑来阿诺德身边，想要安抚自己的儿子。他轻拍着阿诺德的背，柔缓地哄道："马上就买冰激凌，马上就去。"阿诺德听罢才站了起来，向着奥皮调皮地眨眨眼，然后大摇大摆地去吃冰激凌了。

奥皮有样学样，走向法院大楼，准备去父亲的单位尝试一番。谢里夫一进办公室门，奥皮就猛地坐在地上号啕大哭起来（动作十分有趣）。谢里夫却对此视而不见，只是说了句“哎哟，你可别把衣服弄脏了啊”，就埋头继续工作起来。奥皮大力抽泣着，一口气提不上来，把眼睛都撑大了。他父亲一见这情形，不禁乐了，说道：“你在锻炼肺活量呢。”

你可以想象一下那个画面。奥皮眼见这样的表演并没有用，便自己停了下来。正是谢里夫拒绝被操控，才让奥皮明白了这么做劳而无功。

这样的桥段或许让你回忆起小时候的某些场景。邻居小朋友吉米对你说，“如果我不是投手，我就不玩了”，你就会让他来投球。当同学萨利哭着说她想要先玩秋千时，你就让她插队。如果吉米和萨利提高自己的音量，你就宁愿让他们得逞也不想再观赏他们那些充满戏剧性的表演。如果你这么做了，那只能说他们将你训练得很好。

只要我们对戏剧化的表演视而不见，就能免于遭受抱怨者的操控，坚定前行的步伐。

然后，他们长大了。现在，吉米在你对面的教室教授地理。他没有按时去取班级的期末考试卷，办公室同事觉得帮他领取比让他自己去更简单一点。萨利来开家长会，又吵又闹地认为自己女儿应当在数学考试中得到A，而且应当在学校演出中领舞。他们依旧试图通过戏剧化的表演让自己得偿所愿。

然而，为什么要让他们操控我们？我们也长大了，懂得如何坚定地维护自己的立场。当有人又在做戏时，我们也可以对自己说，“嗯，他在锻炼肺活量呢”。

分开处罚捣蛋鬼

假设马莱卡夫人的班级有5个学生正在调皮捣蛋。她的第一反应是在下课后集体处罚这5人，但这样的处理方式可能会适得其反。集体处罚犯错的学生会让他们建立情感纽带。即便他们之前并非好友，但在遭受到相同的惩处后很可能集结成为捣蛋团伙。一旦他们团结起来，事情就会变得棘手。

如果捣蛋鬼是一年级或二年级学生，马莱卡夫人或许会在放学后，同时叫来这5位学生的家长，寻求他们的帮助，共同处理恶作剧。然而，如果这5个学生的家长互为朋友，那么他们可能会认为这“五人组”不过是天真无邪，而问题实则在于马莱卡夫人的班级管理能力欠缺！将捣蛋的学生分别处罚才更有效果，特别在学生的年纪渐长后。因此，我们的指导思想是，分别处罚捣蛋的学生，不让他们在共同受罚中建立联盟，助长彼此的不当行为。

虽然我们不能总是从管理班级的思路中找寻推动校园变革的方法，但是这个案例可以帮助我们减小改变途中的阻力。其中的技巧在于，不要认为我们应该一次性处理由所有消极者形成的联盟。如果我们能一对一地应对他们，采取各个击破的方式，就能事半功倍。如果有5位教师反对采用新方式进行协同教学，不要试图一次性将他们全线击溃。我们应该小步向前走。先努力让5个人变成4个人，再降到3个人，然后降到两个人。这项策略配合第5章“寻找切入点”中提到的从最容易攻克的员工入手，则效果更佳。

高效能的校领导应该对自己学校中各种正式和非正式的团体动力学了如指掌。校园中每个部门的教师或者不同年级的教师，对待校园改变的态度可能大相径庭。或许所有的数学教师都反对用新方式进行协同教学，但只有一位社会研究课教师表示反对。那么，谁才是最薄弱的切入点呢？对的——就是那位社会研究课教师。

如果抵制者发现自己越发势单力薄，那么就很可能倒向另一方阵营。

当接下来应对数学教师时，我们的策略是，不要将他们看作统一的联盟，而是将其视为分散的个体。可能他们之间存在一位反对派领袖，以及几位不那么坚定的反对者。或许，我们有冲动，先集中火力在这位领袖身上，将其视为赢得剩余教师的关键。然而，为了提升成功率，我们应该先加强与那些不太坚定的反对者之间的沟通，并且继续扩大新教学方法在其他部门教师中的影响力。

如果这个方法奏效，我们将受益匪浅。跟随者倾向于跟随离自己最近的强大领袖，因此，一旦有不坚定的数学教师开始倒向新教学方法，他们也会随之对新方法保持积极态度。削弱消极领袖影响力的最好方法是，减少他阵营中的追随者。

教学与示范

我们都遭遇过不会道歉的学生。在我们的一再坚持下，他们才会将手臂交叉在胸前，生硬地嘟囔道："对不起！"还有一些学生习惯用眼神表达自己的情绪，冲你翻个白眼或充满怨恨地瞪视你。他们没有学习过如何表达自己焦虑、悲伤、抗拒、气愤或其他百味交杂的情绪。他们只能以自己的经验处理情绪。

或许你会认为，这些学生的家长应当好好教育自己的孩子学会必要的社交礼仪。然而，事实却是，无论出于何种原因，这些学生并没有学到这些技巧。现在，摆在你眼前的选择有：忍受学生的行为，和别人抱怨，或者教他们学会恰当的行为准则。高效能教师选择第三种方法，这需要付出耐心和坚持。比如，麦乐斯先生是这样教导三年级学生的。他会等全班安静时才开始讲课，然后先假设一类场景，再给学生们示范出恰当的应对行为，最后告诉他们这样的行为才是被认可的，无论是在课堂上还是社会中。麦乐斯先生会设计一些积极正面的场景，告诉他们“请”和“谢谢”适用于许多地方；他也会模拟一些消极负面的场景，告诉他们如何缓和紧张气氛或者至少不让局势升级。麦乐斯先生先进行全班展示，之后针对个别情况恰当地进行复习和观察。这样可以培养学生具备必要的社交行为知识。然后，麦乐斯先生在学生成功模仿后，通过表扬的方式帮助他们巩固课堂内容。

高效能的校领导也会采取相同的方式，引领学校做出改变：他们会先向全体教职工展示期望中的员工行为模式，再针对具体情况观察个别员工在特殊情况下的表现，然后在整个团队中巩固这种行为模式。我称这种方法为：整体—部分—整体法。

在对学校领导层的演讲中，我常通过举例说明校领导该如何规范教师行为，引导教师在师生大会上正确管理班级学生。我会假设自己正在师生大会上，作为学校的“校长”问所有人：“当优秀的教师带领班级学生参加师生大会时，他/她会选择坐在什么地方呢？”此时我得到的答案出奇的一致：“和他/她的学生坐在一起。”接着我又问：“他/她会坐在什么样的学生身边呢？”他们回答道：“喜欢调皮捣蛋、和同学说小话的学生身边。”

我又问：“那低效能教师呢？”此时的回答虽然众口不一，但不外乎是：“和其他教师坐在一起”“站在墙边”“坐在最后一排”“根本就不来”。就算这样的教师与学生坐在一起，他们也不会关注和管理学生行为。

当校长在师生大会上完成这5分钟的对话后，所有人都清楚了解到教师在师生大会中的正确行为，并且所有人也都心照不宣了。在明确表达自己所期望的教师行为后，校长可以与表现不佳的教师谈话。这样的谈话可能需要进行数次。

最后，校长应在全体教职工中巩固这种正确的行为："冬季师生大会上，所有班级都排列整齐，精神振奋，情绪高昂。十分感谢你们在大会上做出的工作和努力，让学生们规规矩矩，表现绝佳。"

现在我们假想，有5位教师依旧不遵守正确的行为规范，在师生大会中靠着墙站、坐在后排或与其他教师坐在一起，甚至不参加师生大会。那么，我们该做些什么呢？回忆一下第5章"阻力更小的教职工群体更能接受改变"的观点。

比起向全体教职工或这5位教师发出多封邮件，更好的方法是一次只应对其中一位违背规范的教师。记住，当学校有5位不守规矩的教师时，你的任务是将数量降至4位。你不仅应该与教师进行单独谈话，你还应该选择其中最容易改变消极态度的那一位。一般来说，其中最容易沟通的教师，就是相比而言与你交流最多、最熟悉的那位。最后还有一点值得注意，应在下次师生大会之前进行沟通，而不应在上一次大会结束后立马进行。我们的目标是改变教师的行为，而不是对之前的错误抓住不放。

练习整体—部分—整体法

人们在不擅长的事物面前会感到不安。为了解决这个问题，你应当理解员工的这种犹疑，并且直面它。再重复一遍，你应先教导整个团队何为正确的行为，再视情况观察个别教师，然后再次进行教导或整体巩固团队的正确行为。

举个例子，在之前的章节中，我们将课堂录影作为教师自我发展的方法。当校领导推动这项新计划时，初次经历的教师可能会犹豫是否参与活动。我们需要在部分教师自愿参与该活动时，确保圆满完成活动首秀，给众人留下良好印象。随着活动不断铺展到全体教师之时，整体—部分—整体法就能派上用场。

人们之所以抗拒改变，通常是因为需要他们进行一些从未受到正确指导的新任务。

第一步，你可以在教职工大会上花10分钟的时间，演示一番应当如何开展课堂录影活动。你不如以一些搞笑的场景作为开头：比如摄影设备故障，但教师上完课后才发现；比如教师在回看课堂录像时，注意力完全集中在自身外表这样的小问题上；比如同事在反馈环节遭遇尴尬，因为没有人做出任何评价。如果你能声情并茂地展示，让大家对这些糟糕的处境笑出声来，他们就能更加从容地对待这个新鲜事物。

第二步，演示一些课堂录像的成功场景。比如教师在回看录像时，发现自己提出问题后没有给学生留足充分的思考时间，于是他在今后的课堂上就会留出恰当的思考时间；比如在与同事组队观看时，科学教师在视频中发现了更好的课堂实验方法；比如将课堂录像制成附件，在教师申请津贴时上传，为教师赢得了明年夏天为期三周的蒙大纳州地质研究之行的资助金！

10分钟的时间足以传达以下这些信息：这样的自我提升方式是专业且可行的，因此我们合理地期望每位教师都能参与该项活动。但这是否意味着，大家就会在下周全体参与课堂录影活动呢？这很可能不会发生。但你已然明确地向全体教师表达了自己的态度，支持并且欣赏此项全校范围内的活动。现在，你可以与那些固执己见的教师谈话，继续表达关切态度。

之后的第三步便是在全体教师中巩固参与活动的积极态度。你可以在教职工大会上说："告诉下周报名参与课堂录像讨论会的教师一个好消息，此项活动确实能提高你们的教学能力。"或者，你也可以在"周五焦点"①的公告栏中写道："9月以来校摄影团队已为25节课堂完成录制工作，在此特表感谢！你们让优秀的教师更加出色。"这样不仅能鼓励参与活动的教师，还能推动那些未参与活动、仍犹豫不定的教师。随着活动在全校范围内的普及速度加快，经过一段时间发酵，便能让大家切实感受到其中的益处。

让抵触者忙碌起来

你观察过团队中抱怨人群和懒惰人群的重叠情况吗？工作量最少的人抱怨反而越多。忙碌的教师没有时间或精力来发牢骚（不过，有些人还是会找时间为自己的拖延找借口）。当需要开展变革计划时，校领导也可观察一番，抱怨多干活的人是否就是那些抵触改变的阻碍。削弱这种阻碍的一项技巧便是，让那些抱有抵触情绪的人忙碌起来，忙到没有时间干扰到学校的改变进程。

当然，你需要慎重考虑如何让这类教师忙碌起来。如果让3位这样的教师在校委会共同负责学校的复审和认证工作，那么或许得不到太好的结果。每所学校都有一部分耗时费力、不可或缺却不太重要，但又能取得公开透明和正向效果的事务。以我的经验而谈，最好的例子莫过于组织安排学校的节日派对。

安排这样的节日聚会能提振教职工士气，但又不需要明星教师的才华。在选择负责人时，我会考虑教师能力表上排在较后位置的末尾教师。谁需要减少制造消极情绪的时间，把精力用在工作上呢？在当季学年首次教职工大

① 类似于一个公告栏，是作者托德·威特克尔每周和教师沟通即将发生的事件的地方，曾在其著作《如何调动和激励教师》中提到。——编者注

会前，我会分别与三四位这样的教师谈话，邀请他们加入节日聚会计划安排委员会。由于我是在8月询问他们的意见，而且不需要他们个人完全承担任务，因此通常都能获得肯定的回答。这些教师也会将聚会安排作为借口，逃避其他任务。但众所周知，这类教师倾向于逃避实际工作，为了尽量避免出现这样的状况，我在选择节日委员会成员时会仔细避开那些更为懒散的教师。

在开学时的教职工大会上，我会向全校介绍节日庆典计划委员会成员。他们将起立让大家认识，并邀请其他教职工为庆典献计献策。为了让他们时刻感受到公众的关注，我将定期在“周五焦点”的公告栏里跟进节日的准备事宜，也会在员工大会上提到他们的月计划报告。当他们继续将时间和精力投入在节日安排上时，也将收获同事的积极反馈——这将让他们感觉良好。由于手里有事情做，这些教师就会减少抱怨，也没有时间阻碍其他员工的进步。

如果到12月时事情仍进展顺利，我将在公开场合赞扬他们的工作，并让他们继续承担春季野餐会和学期末聚餐的任务。这些事务将能让他们忙到年末。就算他们把聚会搞砸了，也不是什么大事儿。我也会在大会上感谢他们的工作，在之后的单独谈话中一一指出有待改进的地方。然后，继续邀请他们负责春季野餐会和学期末聚餐活动！

控制消极力量集结

消极抵抗者、阻拦者、抱怨者以及偷懒者都可能成为学校进步道路上的障碍。当这群人聚集在一起时，便形成了一个强大的反抗联盟。在第3章“确保首秀圆满成功”中，我提到一些诸如在教职工大会或实地调研中应对这种问题的策略。现在，我将强调其他削弱反对阵营影响的策略。

比如说在委员会或小组会议中，人们通常围坐在长条桌旁，委员会主席或小组组长会专门坐在桌子一端。就我的经验而谈，人群中最为消极的反抗者倾向于坐在桌子的另一端（直接正对领导），或者远离桌子，靠着墙坐（见图6.1）。为了削弱这种对抗性，领导可以选择坐在其他位置（非长条桌的一端），比如桌子旁边的某个地方。为了进一步削弱抵抗情绪，领导或其他积极成员可以特意晚到，落座于反抗头子的旁边（见图6.2）。

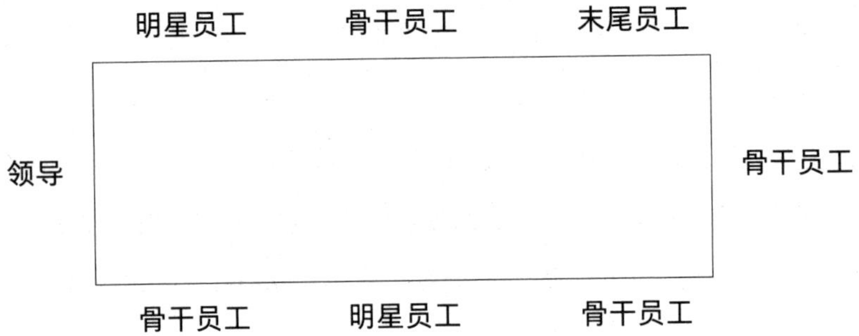

图6.1 传统会议座位分布

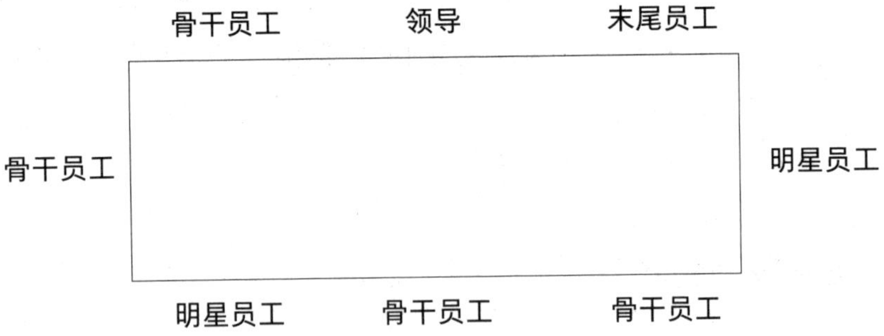

图6.2 削弱抵抗情绪的座位分布

有时候，特定的场景也让消极分子联合起来形成反对联盟；有时候，他们是为了共同利益而集结。也可能是某位员工在无意间激怒了其他数人，促成了反对者联盟。

在其他时候，反对者联盟的形成可能仅仅是因为方便。如果3位教师的内心都有抵抗情绪，又恰好在同一时间同一地点备课，他们就可能形成习惯，规律性地在每周的某天下午聚在一起抱怨不停。如果他们属于同一学科办公室，或者教授同一年级，他们就更有共同话题可以抱怨。有时候，集结的触发点很相似：上课的教室在同一楼层，或者他们拼车上下班。这种联盟一旦形成，就会相互影响，愈演愈烈。

通常而言，校领导都能采取措施应对上述的所有情况。但是，如果能多思考一下，多费一点功夫，你就既可以削弱反抗情绪，又能鼓励乐观积极的态度。校领导或许不能完全操控课程安排和办公室人员分配，也不能干涉别人是否拼车通勤，但是当新教师来到消极者隔壁教室工作的时候应当警惕；或许你应该进行适当的提醒，或增加巡视次数。

依靠主教练式人物对付抵抗联盟

联盟或团体的形成原因多种多样，一些十分明确而一些比较隐晦。教师会因为课程安排、年龄或背景而联系起来。或许他们的孩子或孙辈的年龄相仿；或许他们兴趣相投或去同一个教堂做礼拜。如此多的原因，以至于我可以不断地写下去。但为了更加了解校园变革的动力学，我们不得不关注一种特别团体：热衷体育赛事和体育训练的男教师。虽然许多小学里男教师的比例很低，因此在学校决策时，很少将男性特有的意气用事纳入考虑；另外，热衷体育似乎也并不是什么问题。然而，我们常在中学校园中发现，这类教师在教育和社交中，表现出更加固执、不善沟通以及大男子主义心态。

在我们的学校里，曾经或现在是否存在一类男性，学生和同事都以“教练”称呼他？大家是否总会将食堂里的某张餐桌留给他们？他们这个团体中几乎每位成员都知道周末联赛的比分，并且几乎都认同团队运动能塑造性格？倘若果真如此，那么你就应该关注这个团体。

这种团体本身并没有好坏之分，也没有值得赞扬的优点和应当惩处的缺点。我之前也当过球队的教练，不过这里我无意争辩体育对于学校和社会的贡献和索取。单纯出于我的经验而论，这种以男性为主导的团体可能集体抵制学校推动变革，就算此举是为了提高教师的教学能力，提升学生的成绩。

这样的团体出现并不意味着这群“教练”聚集成为反对者联盟，不过他们的确享受自己在课堂上的掌控感。他们熟知规则并且按照规则行事。然而，在他们的世界里，一场比赛接一场比赛，一个赛季后又是一个赛季，但球场上的规则却是始终不变。

显而易见，我现在所说的人群并非一种普遍存在的现象。确实，许多学校里并不存在这样的团体。然而，如果这种具有潜在抵抗情绪的团体真的出现了，那么我们就需要采取特殊的方法来应对。在推动学校改变、引领学校进步的路途中，我们应当带领好每一类教职工，当然不能遗漏这个团体。

争取到这个团体的关键在于，至少将其中一位受到团体尊敬的“公众领袖”纳入麾下。这里的“公众领袖”是什么意思呢？指的是不论是在几人小组还是全体教职工中，那种习惯当众提出建议，影响并引导大家的、如球队主教练般的人物。这样的人一旦加入我方阵营，就能发挥很大的作用。我并不是指他会大谈特谈各种教育理论。但他可以像在人群中自如地评价篮球联赛中对手的失误那样，从容地对大家说道：“昨天我看了自己的课堂录像，发现自己经常朝着教室左边的同学讲课和提问。可能是因为我是右撇子，面向教室左边更方便转身书写板书。今后我要纠正这个问题，更加公平地对待学生。”

这样的主教练（看，我已经称呼他为主教练了）可能是，也可能不是最佳教师，虽然他勤劳工作并且通常而言具有相当的教学能力。清晰的自我认知以及接受改变的态度，让他会毫不犹豫地寻求同事的帮助，比如说设计一套高水准的考试题。除此之外，这样的主教练在削弱体育迷团体的抵触情绪中，可以起到关键作用的另一个理由在于：他是这个团体的最强“教练”，其他成员都尊敬他。

在你采取措施让查理·克拉布特里、莫里·莫帕和本·布洛克托尔几位员工认同改变的同时，也应当寻求方法赢得这几个为数不多的主教练式人物。如果目前学校里还没有上述“主教练”这样的教师，那么你可以在下次招聘中加以留意。这样的“主教练”有能力影响学校中的中立派，让他们加入到校园变革计划中。

纸上得来终觉浅

本书第172页（问题3）中，列有一项不那么轻松愉快的任务，但却能帮助你分辨那些看似抵制改变的教师。你或许应该现在就完成这项任务，以便于你对后续阅读的思考。不过你也可以选择之后再做，免得打扰阅读下去的兴致。

第7章

管控情绪的力量

现今教育界奉为圭臬的话语是，“有研究表明……”。“数据摆在眼前，我们不得不如此行事。”或者反着说，例如：“给我看数据，不然就不能这么做。”我曾多次对这种工作方式提出质疑。

首先，关于校园内哪些措施有效，哪些无效的研究通常没有对照组。我们不能将一半三年级的学生关起来，只给另一半上课，然后再把人放出来比较两组的效果。而现实比上述情况更加复杂。我们很难移除其他变量，也很难得出清晰的因果关系。

其次，如果只信奉数据能够推动学校改变，我们不过是自己骗自己。我们的工作对象是人；无论我们多么努力，也不能将高质量的教学能力赋予每位教师。而且，教育经验是仁者见仁的东西；并没有很好的方式能够直接传授。

最后，我们不能忽略情绪的力量。即便是最新最有力的数据，也不能让心怀抵制情绪的教师做出应有的改变。

校园改变之路上最大的拦路石是恐惧：对未知的恐惧，对失败的恐惧，对难堪的恐惧，还有那些我们甚至未能察觉的恐惧。

削弱恐惧情绪

虽然很多人可能不会承认，但是教师抵制同事来课堂旁听的主要原因在于，他们害怕被人审视。教师需要足够的自信，才愿意打开自己教室的大门。

另外，我们无法依靠思维的逻辑来打败内心的恐惧。只是告诉充满抗拒的教师，他们的同事具备专业素养，不会带着审判的态度对其课堂表现评头论足，但这并不足以说服。一般来说，比情绪更加强大的只能是另一种情绪。

利用情绪对抗改变的恐惧

你或许认识某位害怕乘坐飞机的朋友——并不是特指那些因“9·11”事件袭击而产生的恐惧；还包括那些单纯害怕困在金属圆柱体中离开地面，上升到三万英尺[①]高空的人们。倘若你遇见过紧张到抓紧扶手的邻座，就能理解这种恐惧是无比真实的。

你或许试图安慰你的邻座，告诉她飞行员都经过了严格的训练，如今的飞机设计也足够安全。你当然不会提及飞机也可能坠毁，这架飞机亦然。但你或许会告诉她一个统计数据：飞机旅行比自驾，甚至比走在大都市的街道上更为安全。因为你并不惧怕乘坐飞机，所以可以理智地看待这些事实和数据。你的言语很有逻辑，但为什么邻座的人依旧抓紧了扶手不肯松开呢？

如果你直接这么问她，她会立刻承认她的惧怕是情绪上的，而不是逻辑上的，而且从出生以来一直如此。她也说不出清晰的缘由——她既没有经历过紧急降落，也没有听说过哪个朋友遭遇了飞行事故。你口中的事实和统计数据并不能改变她的感受。但是，你不如想一想：即便如此恐惧，她还是乘坐了这架飞机。那么，是什么促使她克服恐惧呢？嗯，为什么不问问她？

原来是她居住在波士顿的独生女刚刚诞下了她的第三个外孙，她承诺过要去帮忙照看几周孩子。她通常会选择火车出行——搭乘西南酋长号专列从圣达非到芝加哥，然后再搭乘湖畔限定号——这需要好几天的时间。然而婴儿早产了3周，她的丈夫只得帮她定了一张直达机票，又赶紧将她送到机场。她连收拾行李的时间都没有！

---

① 1 英尺≈0.3048 米。——编者注

她给你看了几个孙辈的照片；乔尼今年7岁，卡蒂3岁。孩子们是如此可爱，她已经等不及要去见还没一天大的萨拉了。她给你讲了很多乔尼和卡蒂还是婴儿时期的趣事。现在，你猜怎么样了：这位外祖母已然忘记紧握扶手了。她变得放松起来，直到机上广播吓了她一跳：请收起小桌板，调直座椅靠背。

外祖母对于孙辈的感情，强大到足以让她抵抗住对于搭乘飞机的恐惧。在工作时，领导可以通过相似的方法，让教师用情绪对抗对于改变的恐惧。

营造出每个人都参与其中的氛围

你从明星教师和新手教师入手，然后是余下的教职工中抗拒心理较弱者。在参与变革计划的教师人数达到一定数量后，我们就可以开始应对那些不愿改变的顽固派了。

归属感是一种强烈的动机。让所有人（明星教师、骨干教师和末尾教师）都参与学校改变的一个方法是——将氛围营造成绝大部分教职工都已经参与进来的样子。

每位教师都在自己的教室里上课，相对而言比较隔离。我们可以利用这一点来营造假象，特别是当即将开展的新计划只需要一位教师即可完成时，比如录制用于自我提升的课堂录像。在第5章“寻找切入点”中，我建议单独邀请教师与媒体中心的员工合作，而不是在开大会时以举手的形式报名参加。在教师越发熟悉和接受课堂录影后，一些教师或许会邀请信任的同事一道观看并进行讨论。在第6章“削弱抵触情绪”中，一些教师已经愿意在教职工大会上分享自己从中受益的课堂片段。那些剩下的顽固分子其实并不知

道己方阵营究竟还有多少人。他们会怀疑，“我是不是最后一个了啊？”这种势单力薄的情绪压力或许能打败被人审视的恐惧。

让新计划看起来平常

我们可以施展策略，营造出绝大多数教职工已然参与新计划的氛围。高效能的珀安校长以自身为例，让教师录制她在教职工大会上的演讲。然后，她在“周五焦点”的公告栏中写道：“我这才领会到，为什么你们很多人都说，课堂录影的好处颇多。我观看了自己在周三教职工大会上的演讲录影，发现一些地方还有所欠缺……”珀安校长的主要目的还不在于分享录影的优点，更重要的是她言语中提到的“你们很多人”对于教职工产生的影响。

或者，珀安校长也可以这样写：“一些教师向我表达了担忧，说录制用的空白光盘消耗太快。不必担心，学校订购的新光盘刚刚到货，现在库存充盈，大家可随时按需申请！”

她还可以选择再次强调：“很多人担忧自己的课堂录影会上传到网络。我保证，学校不会以任何形式将课堂录影分享给任何人。”

这样的做法可以让参与计划的教师知道自己并不孤单。另外，这样还能传递另一层信息，即那些参加过计划的教师还愿意继续参加。这些都将鼓励还未参与的教师报名尝试。

我们应当是等参与计划的人数达到一定数量后，才能采取这些策略。另外，我们不能让课堂录像显得特殊，好像只有明星教师级别的才能参与。许多人并不认为自己是特别的，如果觉得参与某个计划会显得特殊，或将自己置于闪光灯下，他们就会忙不迭地躲闪开。当我们邀请或鼓励教师参与新计划时，应该让该计划看起来平常，就像一项日常事务一般。

我们应当感谢每一位积极参与、促进计划顺利开展的教师。你可以询问他们是否愿意在教职工大会上以情景再现的方式展示该计划对自己的帮助，就如上一章中提到的那样。让几位教师以团队的形式出现，要比单独邀请一位教师上台演说更加简单，宣传效果也会更好。你应尽量寻找不同类型的教师——热爱舞台表演的奥斯卡先生、在计划中提升了课堂管理能力的马莱卡夫人，以及因为这项新计划而选择留下来工作的新手教师卢奇。如果你能说服主教练型教师讲述他对于课堂录像计划的支持，通过观察自己的课堂表现，提升了教学能力，那么，宣传效果一定好到让你惊讶。

让所有人乐于参加

如果你从一开始就选择让全员共同参与新计划，也可以采用相同的策略。当我还在担任校长一职时，我养成了给家长打电话夸赞学生的习惯。我通过定期电访，表扬他们的孩子良好的在校表现。在我坚持了一段时间后，学校管理层认为，如果让教师也拨打这些赞扬电话，更能促进学校的提升。

在领导小组讨论这项计划之初就有人提出担忧，或许有部分教师并不愿意参与电访计划。我回答道："不能让抗拒的人阻拦大家前进的脚步。虽然我们想要全体教师都参与进来，但只要多一位教师参与，难道就不算是进步了吗？如果我们不开展计划，那么更不可能让全体教师参与了。"后来，学校管理层是这样向全体教师公布电访计划的：每位教师应当每周选择一位家长，拨打赞扬学生的电话。

实际上，我们的电访计划一开始就受到了教师的热捧。其中几位教师坚持了数年时间，一直到现在还保持这个习惯。一些教师在习惯与家长通话后，发现每次通报喜讯都尤为有成就感！其他教师在初次尝试后，也发觉自己越发愿意拨出电话。教师可以自行选择家长拨出电话，他们最初会打给那些表现最佳、最容易表扬的学生家长。因此，第一次通话圆满完成。随着电访计划不断开展，有的教师甚至在一周内能打出好几通赞扬电话。

我们接下来需要营造的氛围是，让还未参加计划的教师产生孤立感。首先，我会准备一张清单，列出通话次数较多的教师。我会询问他们对于电访的看法。如果回答是积极正向的（其实基本上都是如此），我便会询问他们是否愿意在教职工大会上分享自己的感想。在出现数位自愿者后，我就会进行下一个步骤。

教职工大会尾声，我会一边收拾讲稿，一边语调轻松地问："顺便问一下，有人给家长打过赞扬电话了吗？"正如我所想，许多教师都举起了手。我会挑选乐观积极的教师询问他们的看法。这并不困难，因为我已经事先知道他们的反馈了。这些教师会一个接一个地吐露心声，告诉大家电访其实很简单，过程也很顺利，是一件愉快的事情。我会先向他们表示感谢，然后转达许多家长的感谢，虽然我记不住所有人的名字。最后，我会以感谢全体教师对电访计划的付出作为会议的结尾。

在第9章"巩固新行为，强化尝试意愿"中我将深入讨论，如何通过公开赞扬，巩固教师的正确行为。现在，我们继续关注这种策略产生的效果。那些参与电访的教师都能感受到欣赏，无论他们是否有机会在会议上讲述自己的经历。而那些还未参加电访的教师，将更愿意加入这个愉快的计划。

在接下来的数月中，我会不断询问教师的电访进展，以此施加压力（并不带有威胁的意味）。我会告诉那些还未参与电访的教师，期待他们抽空打出第一通电话后，也说出自己的感受。每当我这样询问时，就能传达一个信息：这项计划是我们学校的既定安排，也只需占用不长的时间。那些还未参与该项计划的教师，就会觉得自己是奇怪的局外人。

满足教师的两种不同动机

这是里弗代尔中学一个周四的早晨8点。和平日里一样，学校的一天从广播里校长的问好和致辞开始。校长在广播中通知，今天下午两点将召开全校师生大会，并对临时安排表示歉意。六班的明星教师马弗尔女士（化名）听见这个通知，无奈地挥挥手。因为，她早已在今天下午安排了学生诗友会。由于临时的会议通知，诗友会便泡汤了。马弗尔女士知道，一些学生甚至特意购买了与诗歌分享搭配的古典服饰！她不知道该如何告诉学生活动取消。

对面走廊教室里表现平平的教师米德林先生（化名）也很苦恼，他也早已安排好下午的课程（有时候是轻松的自习时间）。隔壁教室里，末尾教师玛拉奇女士（化名）也在小声抱怨着。她每天有5节历史课，今天下午的临时会议将让其中一个班的进度落下一节课。因此，她还得找些相关视频给其他4个班混过一节课，好让落下的那个班赶上进度。别期望她会愿意教授课程进度不同的班级！

那么，如果提前两周发布下午的会议通知，这几位教师又会如何处理呢？

马弗尔女士会思考："我是否该准备一下，向学生们预告师生大会的相关事宜？"或许她会询问校长："需要我提前计划后续讨论和相关活动吗？"走廊对面的米德林先生会觉得苦恼，因为会议干扰了他的课程安排。隔壁教室的玛拉奇女士已经开始寻找合适的视频，好让其他班级和缺课的班级能统一课程进度。

最后，如果学校开展自愿参与或强制执行的新项目、新计划，这几位教师又会如何应对呢？我想你现在已经大致知道结果了吧。马弗尔女士会考虑新计划对于教学质量的效果。如果我们能说服她，新的教学方法对学生有利，那么她一定会支持这项改变——就算这样意味着她的工作量将增加。

但米德林先生和玛拉奇女士则有不同的看法。他们首先会考量自身的利益，尽可能减少自己的工作量。如果需要这些教师支持变革计划，那么我们需要说服他们，新计划也可以为他们带来好处。

这意味着，如果希望所在学校或学区中全体教师都支持我们所主张的变革计划，我们必须从一开始就能满足以上两种不同的动机。我们当然会向教师证明，变革计划将对学生益处颇多。但为了赢得更全面的支持，我们也需要证明，新改变对于教师也有益处。

大部分教师都是积极向上的，他们选择教育行业是为了让孩子拥有更好的人生。他们不仅用脑工作，也在用心工作。告诉他们新改变对学生有益，就在情感上赢得了他们。但是，如果想让所有人真正参与变革计划，我们还需要应对那些更加自私的理由。虽然这听上去似乎带有责备的口吻，但现实中并没有那么多高尚的情怀，而我们的目的是让所有人参与学校的变革计划。

首秀触发的情绪

为了尽可能获得最初的正面反馈，你必须有意识地引导变革计划首秀所引发的情绪。管控这种情绪的一种方法是，强调这次改变所带来的正面效果。举个例子，如果我校管理层即将开展教师电访计划，他们便会强调家长向校长表扬了那些曾打过电话的教师。

另一种管控这种情绪的方式是，强调新计划能够削弱或避免某些负面事物。比如说，电访计划能降低家长会上家长的对抗情绪。因为，“电访将让家长和教师站在同一阵营”。

同样的道理，如果想让教学楼中的教师在课间站在过道维持秩序，让学生能安全地从上一个教室去下一个教室上课，我们可以声情并茂地讲述，两个人高马大的男生差点儿就在走廊上欺负一名弱小而羞怯的低年级学生，幸好老师来了：他俩一看见老师，就乖乖地去往下一个教室了。我们可以就此强调，课间时分配教师站在过道上，能让学校变得更安全，有利于所有学生（满足一种动机），也有利于所有教师（满足另一种动机）。

一般来说，简单如获得称赞和避免尴尬这两个理由，就足够让米德林先生和玛拉奇女士这样表现普通的教师参与变革计划。这也能让我们一开始就赢得所有教师的期待。然后，作为校领导，我们可以很自然地询问："电访计划进展如何了呢？"这足以让那些还没参与的教师感到不自在，想到自己最好立马拿起电话打出去！

我们还应当记住一件事——不仅需要关注结果，还需要关注努力的过程。如果我们的工作仅仅以结果为导向，就会过于看重成功而避免任何风险，做事情也只选择那些必定能成功的，而不愿意做存在失败风险的任务。如果一位篮球教练带领的队员天资平庸，不太可能赢得比赛，那么教练就应更加关注训练的过程而不是比赛的记分牌。

学校应当处在不断进步的道路上，而不是致力于臻于完美的结果中。有时候，让教职工行动起来比不断精炼行动目标更为重要——特别是在新计划推行的初始阶段。

寻求理智与情感的双重支持

我们不应该低估逻辑合理性的强大。（毕竟我们也需要赢得数学老师的支持！）当然，确切的数据、统计上的结果、文献评论，甚至工作趣事都能向专业教育工作者证明改变带来的好处。但是，仅靠逻辑思维并不足以推动改变的步调。由于我们的组织成员各不相同，具备不同的技能、视角以及背景，因此逻辑告诉我们，需要采取双重策略：不仅让教职工在理智上认同我们的变革计划，还要让他们在情感上认同改变。

纸上得来终觉浅

开展校园变革计划在很多方面都像是踏上一段新旅程。如果你的目的地明确、动机强大，很容易就能立刻准备行李即刻出发。如果想要所有教师与你一道旅行，你需要说服他们登上前往目的地的飞机。这意味着你应当为他们找到足以抵抗所有担忧和恐惧的强大动机。一旦下定决心出发，你就已经在成功的路上了。准备好了吗？系好安全带了吗？让我们出发吧！

第8章

增加认可，推动执行

我当然想在得到100%的认可后，才开展工作，推进变革计划。我将要付出的努力怎么能错付？然而，如果要等到所有人都认同我的计划，或许永远也无法开始行动。就像参与纸牌游戏的玩家常说的那样，“如果思考时间过长，那就是错误的”。事实上，在许多情况下，我不会想得太多、想得太久。一个五口之家想要外出就餐，如果能在汽车启动前就定好餐馆那当然好，但他们也得在餐厅都关门前出发才行！有些时候，差不多就行了。

不久前，我为一些备受尊敬的教育从业者做了一次演讲。午餐过后，一些人评论说，他们就我的书与其他作者的著作进行比较，在权衡了各自的优缺点后，他们觉得其他作者“让人从另一个角度思考教育行业”。我顿时感受到一阵嫉妒涌上心头；这真是一句美好的赞扬。然而，他们继续说道：“你的书让我们换了一种工作方式。”对我而言，这是更好的赞美。

我认为他们的看法也适用于开展必要的校园变革计划的我们。

让人们换个角度思考教育行业固然很好，但让人们改变工作方式更加重要。

我当然欣赏每一位思考如何给予学生尊重的教师，然而我更在乎的是，每一天教师都能以足够尊重的方式对待每一位学生。

我们不能让梦想遮挡住实际的目标，同样的道理，我们也不能坐等天上掉下完美的条件，才着手开展变革计划。

如果教师喜欢自己的每一位学生，那教学该是件多么愉快的事情啊。但就如我的父亲曾说过的那样，“如果真的能以梦为马，那乞丐都能策马

飞驰”。

如果目标过于理想化，人们会认为需要3—8年才能取得如此重大的改变，那么，我们为什么不关注一些更加实际的目标呢？如果我们告诉教师，“不管你是否讨厌这个学生，能否起码表现出喜欢的模样？”，这难道不是更合理、更易达到，甚至更容易衡量的目标吗？当然是！我们应当明确，我们是在不断进步的道路上，而不是尽力于臻于完美的结果中。

克服恐惧，迈出第一步

我一直以来都恐高，所以恐惧云霄飞车也不足为奇。多年以来，大女儿都指定她妈妈作为她同乘云霄飞车的固定玩伴。大女儿享受云霄飞车带来的惊险刺激，她特别喜欢游乐园里的那个“田纳西龙卷风”。

后来有一年，我妻子怀孕了，眼瞅着她衷爱的田纳西龙卷风项目要从游乐园时光中排除，于是，大女儿转而恳切地望向我。我只能硬着头皮上，没有一个父亲愿意让他的女儿失望。但你猜后来怎么样？当真的坐上云霄飞车时，我甚至还能睁开眼。这段旅程并没有想象的那么糟糕，甚至让我有些开心。虽然当大女儿意犹未尽再来一次时，我并没有同她一样兴奋，但我也越发轻松地接受了这项高空娱乐。直到现在，都是我俩结伴乘坐云霄飞车，每次都玩得开心极了。

我儿子完美继承了我的各种恐惧症。我恐高，他也恐高。我怕蛇，他也怕蛇。我怕他的妈妈，他也……（亲爱的，我开玩笑的。）他对任何“田纳西龙卷风”都毫无兴趣，但他却着迷于无垠的天际、勇敢的宇航员和神秘的外太空。因此，一个名叫“太空山”的室内太空主题游戏吸引了他的注意力。那时的他可不知道，这就是室内过山车！理所当然地，他在第一次经历恐怖的下坡俯冲时吓得魂不附体。但当游戏结束时，他已经开怀大笑起来。

现在的他也像我们一样，成为云霄飞车的忠实粉丝。

想要学会飞行，你就得离开地面。飞机总不能永远只会滑行。

如果我们永远不能迈出第一步，我们便永远无法完成征途。许多时候，我们所恐惧的事情并不会，甚至不可能真正发生。

评价“交换旁听”

我多次提到交换旁听（同事之间的小型公开课）的想法，建议教师们多去对方的课堂旁听。为了减小实施这项计划的阻力，我认为交换旁听应当从明星教师和新手教师的课堂开始。这样可以最大限度地让公开课首秀产生积极正面的效果。我推荐这种方法是因为，如果教师在首次公开课上发挥良好，那么他们将更愿意继续开展交换旁听，也将很快感受到其中的益处。亲历后的教师便难以被那些对此不屑一顾的同事影响，也不会认为公开课只是浪费时间。

若非亲身经历，我们很难真切感受到其中的益处。所谓纸上得来终觉浅，绝知此事要躬行。只有身处其中，才能在更高一层体会其精妙之处。

如果你从未乘坐过云霄飞车，而你的父亲也表达了对它的不喜欢，那你大概率也会对其心生怀疑。即便你的父亲在尝试之后成为云霄飞车的拥趸，你也可能继续与其保持距离。然而，如果机缘巧合下你身处“太空山”之中，你眼中的世界将变得不同。你会愿意继续尝试。就算你的母亲提醒你，更大的云霄飞车更加恐怖，你也可能会试一试“田纳西龙卷风”！你想要自己找到答案。

学校可不是游乐园

有时候，人们需要亲身体验之后才能体会到某个观点是否正确。我们在推动学校改变中的某些时刻，可以说："你不必现在就赞成我的想法。但你是具有专业素养的教师，我期待你至少愿意尝试一下。所以，你想什么时候开始呢？"

作为一名校领导，在学校施展领导力比带孩子去游乐园玩乐要复杂许多。对于某项变革计划，我们应再三考虑是否的确需要全体教师参与。比如说，我们希望校园里有更多的教师能在课间时段，站在教学楼中的走廊旁，照看在教室之间流动的学生。如果所有教师都能参与进来固然很好，但是让那些对此反感的消极人士留在教室里更为恰当。在课间站在走廊管理学生的教师，将感受到自己为维护校园安全所做出的贡献。他们很可能并不在意少数没有参与其中的教师。而那些觉得不值得费力这么做的教师，会反感学校安排的强制性任务，就算其他同事都站在走廊上。

就算你认为的确需要全体教师共同参与该计划，也要在赢得足够多的支持者后，才能跨出这一大步。多一位自愿参与走廊监管的教师，就能少一位在正式规定下发时感到"强迫执行"的教师。我们应当尽量减少"强制指派"教师做事的情况，最好能让他们自发行动。如果我们能在正式规定前引导教师自发参与计划，就能营造出更和谐的工作氛围。随着越来越多的教师自愿参与，当数量达到一定程度时，他们反而会希望它成为一项必须完成的工作。因为这样一来，剩下的几个顽固分子也得贡献出自己的力量。至少，大多数教师并不会对学校的要求有所反感，因为他们已经在做这些事情了。

尤吉·贝拉（Yogi Berra）有一句广为流传的"废话文学"，还成了他第三本书的书名：《行至岔路，取其一》[①]（*When You Come to a Fork in the Road, Take It*）。你是如何来到这个岔路口的？你会如何描绘途中的风景？

可视化教师结构，捕捉推动变革的关键

决意开展某项变革计划需要勇气和魄力，特别是当你认为需要全员参与的时候。即便学校教学楼内仅有20名教师，要赢得所有人的支持也足够让人迟疑。为了提升计划成功的概率，你需要把问题变得更加可视化。后文中的模型能够帮助你，更加顺利地推动学校的变革计划。

我们的目标是描绘一张可以直观可视的团队人员构成图，明确关键人物以及他们的作用。你或许发现了，这种方法是基于第4章“锁定关键人物”的内容。

我们可以打开电脑找到恰当的画图软件，或者干脆拿一张空白的纸。我们从纸张的上端开始，列出团队中最可能支持你的改变主张的明星教师（见图8.1）。

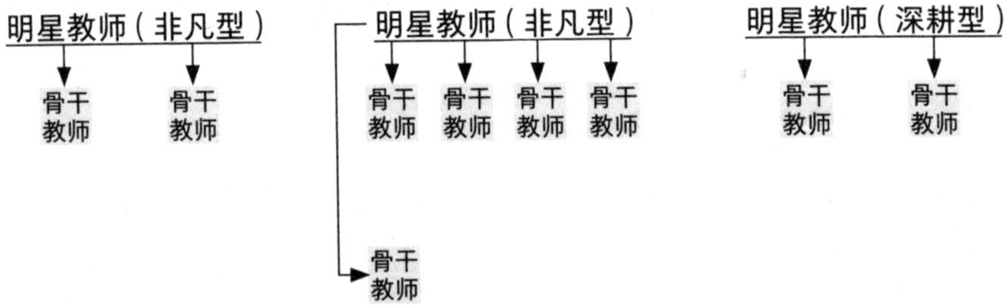

图8.1　明星教师的影响范围

接下来，在这些关键人物下用箭头连接那些他们最可能影响到的人员。

① 字面含义为，在岔路口，选一条路走。暗指在岔路口无需纠结太久，走其中一条路即可，毕竟最后每一条路都殊途同归。——译者注

然后，明确位于第二层的人员又和谁的关系最为密切，能够带领他们一同参与计划。同时，在那些可能起到关键作用的骨干教师下展开新的树状图。记住，这些树状图中可能包含已经参与进来的新手员工。然后，也用箭头将这些人可能影响到的人员勾画出来（见图8.2）。

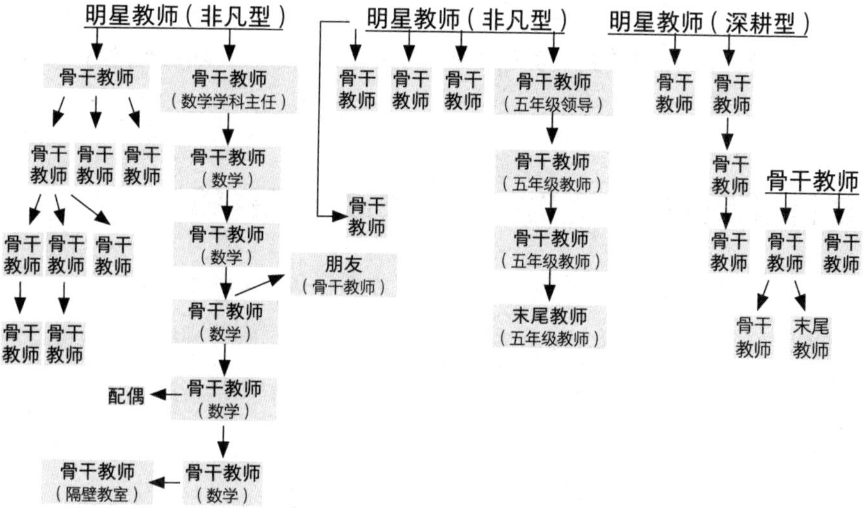

图8.2　少数影响多数

你应该在推行变革计划过程中的数个阶段，绘制并更新这样的树状图。不用多久你就能发现，一种常见的模式跃然而出。因为，在任何团队中，明星教师都扮演着多重角色。

绘制这张直观可视的树状图，将极大地简化原本繁冗的工作。你再也不用思考如何劝服全体教职工，无论是20名、60名或是120名。你只用将注意力集中在其中4名或8名关键人物身上。那么，如何赢得这些关键人物的支持呢？你又如何支持他们发挥自己的积极影响力呢？

在上述案例中，你凭借对学校里潜在团体动力学的了解，找出关键人物（切入点）并绘制出人员之间的联系。同时，你也可以根据学校教职工的正式组别，寻找最容易接受改变的教师并加以利用。或许是小学校园里某个年级的教师、中学校园里某个跨学科研讨小组，又或许是高中校园里某个学科的教研组。你能找出你的学校中，最可能支持新计划并对某个教师分组产生积极影响的教师吗？他可能是该团组的正式领导，比如说数学的学科主任；他也可能是六年级教学人员中一位能力普通的教师。不论怎样，写下这些人的名字，将他们所影响的人员写在下一层并用箭头连接，然后再进行第三层的绘制。

任何组织架构均适用的人员关联可视图策略

学区的领导也可以按照同样的策略，为即将在全学区施行的变革计划绘制树状图，不论学区包含两所学校还是两百所学校。哪些明星校长能得到大多数教师的支持，可以高效地在自己学校执行你所提倡的新改变？写下他们的名字。他们能影响到其他学校的校长吗？绘制出他们之间的连接。学区的特殊教育指导主管是否和大部分特殊教育教师保持着良好的工作关系？将他们的名字也写下来，并绘制箭头关联。不要忘记还可以继续绘制第三层：特殊教育教师是否能影响并带领其他教师参与变革计划呢？图8.3和图8.4为示例图。

这种策略同样也适用于更小的组织架构，如某学科内部或某年级的教研小组。还是先明确谁是最可能支持你想法的人；判断他们能够发挥的正向积极的影响范围。将他们的名字写下来并绘制出箭头关联图。以我的经验来说，开展变革计划时最棘手的情况是，面临一组人数较少但又缺乏明星员工、出色的榜样或者乐观积极教师的团队。这种情况下，你应当建立这组成员与你的直接关联，或者建立他们与其他团队教师的关联，并以此来施展影响力。其他团队教师可以是学校内其他学科教师、在同一教学楼工作的教师，或者是其他教育中心的教师。

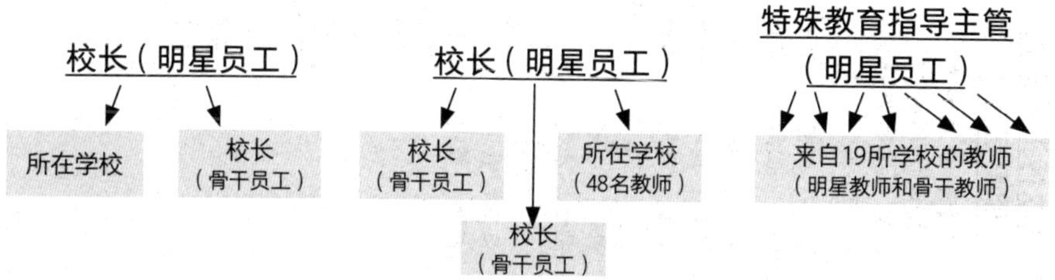

图8.3　学区人员关联可视图

明星员工在任何时候都是关键的切入点，这其中有两个原因：其一，明星员工远见卓识，对于其他教师有深远的正面影响。他们会从大局观的角度，更全面地思考新改变将带来的效果。其二，他们会与其他人分享自己的思路：这是一个好的想法吗？有进一步完善的可能吗？用什么方法执行这项变革计划最为恰当呢？哪些人应当参与其中，又在什么时间参与最为合理呢？

根据组织架构的体量以及变革计划的执行情况，你或许需要纳入一些（或许多）骨干教师。另外，我们也许应当与某些末尾教师直接谈话。如若缺乏事先沟通，他们很可能成为改变道路上的绊脚石。虽然实现校园变革计划不能仅依赖明星教师，但倘若离开他们的助力，计划成功的概率也是不容乐观的。

当天平开始倾斜时

从明星员工开始，你根据绘制的树状图推动学校的改变。越来越多的教职工开始认同并执行变革计划。值得我们注意的是，一些教师需要先认同新观点，才能进行下一步实践；而另外许多教师需要先亲身体会到变革计划的

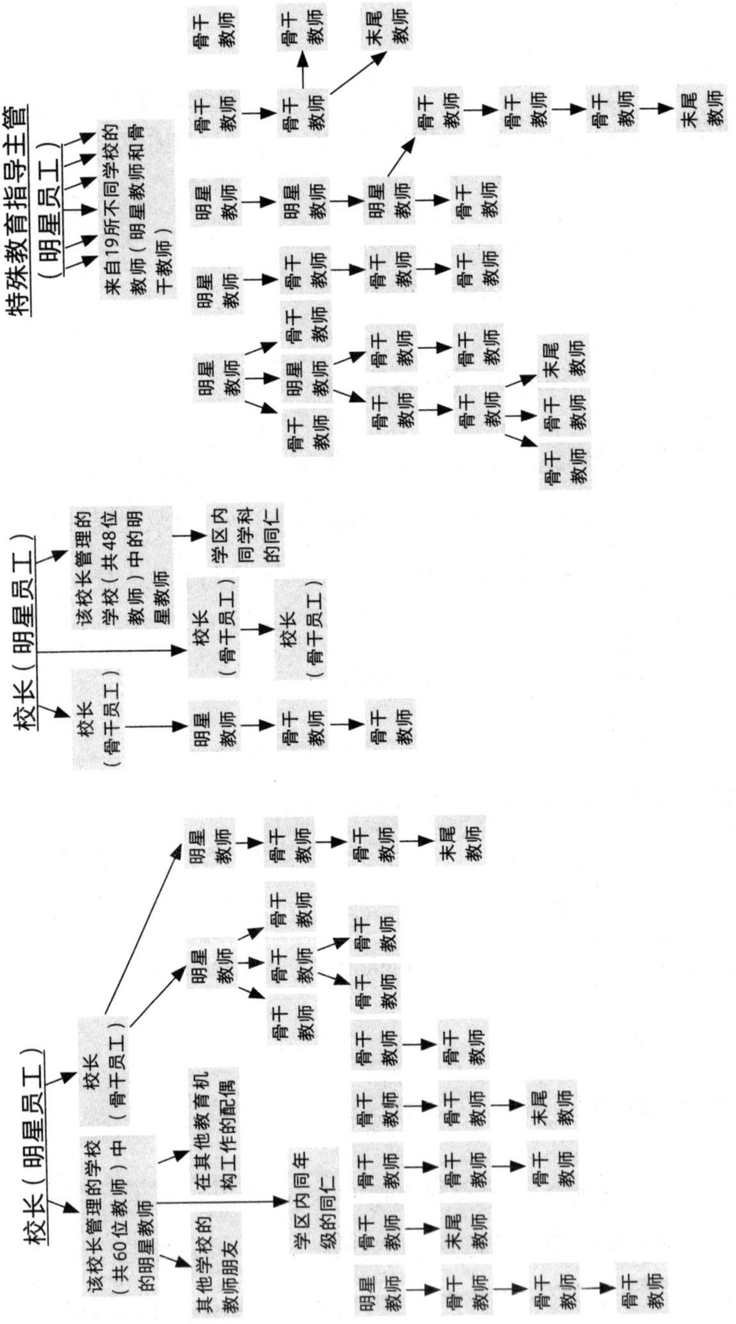

图8.4 明星员工在整个组织架构内的影响力

益处，才能产生认同感。随着变革计划不断铺展，成功的天平也开始向你倾斜。你几乎可以根据树状图上逐渐增加的彩笔标记，明确成员之间的箭头关联，清晰地看见变革计划从切入点延伸到第二层，再影响到第三层的过程。随着计划的不断进展，图上没有用彩笔勾画的地方（未执行或不认可变革计划的人）将越来越少。我们可以从关联图直观地看到，老旧的校园文化渐渐淡去，而崭新的校园文化正在生根发芽。

如果在此时宣布规定，需要全体教职工执行变革计划，也不会刺激到太多教师（见图8.5）。由于你采取了恰当的推进策略，那些还负隅顽抗的员工很可能就是拒绝一切改变和进步的顽固派。不过此时此刻，他们的抵抗阵营已经势单力薄。越多的同事参与变革计划，这些顽固派就越难固守阵地。没有人会在意他们喋喋不休的消极言论，也没有人对他们的想法感兴趣！

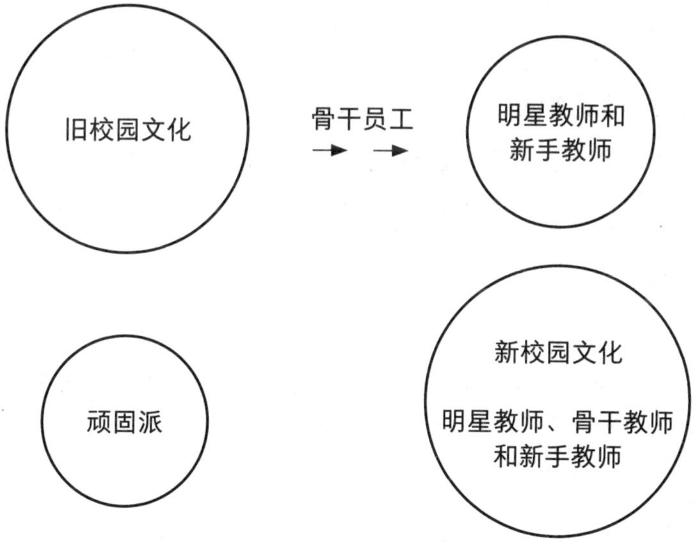

图8.5 校园变革计划的进程

向前看，别回头

阻碍变革计划的另一大因素是过去产生的既定习惯。许多人特别是那些容易抵抗改变的人，总是习惯活在过去。回忆过去的美好给他们带来愉悦的慰藉。另外，回望过去还能找到一大堆拒绝改变的理由："9年前我们就这么做过，根本行不通"，或是"上任校长每年都要执行新制度，我们都一头雾水"，或者是"我们费了好大劲才建立起现在这些流程。为什么非要去修补没有破损的水壶？"

他们的记忆或真或假，他们反对的理由也不一定合理，但我们作为领导者需要确保，他们对于过去的美好回忆不能阻碍前进的步伐。我们或许难以得知过去做过的事情和决定对今天的影响如何。但我们能确定，有些制度或计划在今天看来的确已经过时。过去很可能犯过错；实际上，没有人完美无缺，也没有哪个组织能完全做对任何事。我们能做的是从过去的错误中吸取教训，尽力不重蹈覆辙。我们不必指责现在的某些情况，而应感谢那些曾努力工作而营造出当下局面的人们。我们必须保持往前看的姿态，以过去为荣而不困于过去。对于意图做出任何形式的改变的校领导而言，可以问自己这么一个问题："我们如何从一所好学校变成一所更好的学校呢？"

如果想要引导你的学校进行改变，你就必须保持往前看的姿态。

如果我们回顾从前，就算发现一些绝佳的可以做出改变的时机，现在也为时已晚。但如果看见前方道路上有障碍拦路，你就能立刻采取措施避让。无论过去的时光如何，所有人都希望明天更美好。

那么，我们何时启程

对于何时吹起冲锋的号角、正式规定全员参与变革计划，并没有万全的答案。每所学校的情况不同，每个组织中的人员也各有各的特点。如果你急于求成，仓促地强制执行变革计划，便会招致大量反对的声音，因而无法顺利展开。但如果你等得太久，那么人群中想要改变的冲劲儿就会消散。

如果你只是主张简单地进行一些程序改变，不需要教职工付出额外的工作，那么你差不多不必进行过多准备工作，就能较为轻松地宣布执行。

有个通用规则可以用于判断何时是强制执行某项变革计划的最佳时机：当超过一半的教职工认可变革计划之时。你应当竭尽所能将所有明星教师吸纳进己方阵营；给予足够的时间让这些关键人物充分发挥他们神奇的影响力。然后静观事态，等待己方人数达到关键数值。

我们可以利用学年伊始、教师表现渐入佳境之时，开展变革计划的相关工作。此时，或许更多的教师展现出乐观积极、精力充沛的风貌。

另外，新手教师不会将任何新的改变看作是不寻常的事物，因而也不会因此心生恐惧。

在下一章，我们将详尽地讨论，你在岔路口选择了其中一条道路之后，又该进行怎样的工作。

纸上得来终觉浅

本书第172页（从问题4开始）以及第173页上列有一项实践任务。你需要绘制自己团队、学校或机构组织的树状图，帮助自己决定应当借助哪些员工的力量，来增加众人对变革计划的认可，从而推动计划的执行。或许在阅读本章的过程中，你已经在头脑中绘制出属于自己的人员关联可视图，现在你可以更加明晰地制定变革计划的执行安排。

第9章

巩固新行为，强化尝试意愿

开展变革计划的进程通常比我们期望的更为缓慢，甚至很多时候不能以我们预想的那样发展。这固然让人感到沮丧。然而，我们如何应对这些情况，决定了改变的种子能否生根发芽、茁壮成长，特别是在我们决定推行校园文化改变的时候。在形成了既定文化的组织机构内部，存在着天然的维持现状、抵制改变的力量。因此，引领校园文化改变的关键之一在于，迅速及时地支持并强化任何正确的变化。若等到教职工对一种新行为失去了新鲜感，那么又会回到更加熟悉的旧习惯中去，即便这种旧习惯的效率更加低下。组织机构内部存在多股力量和不同人群，总有人想方设法地让积极进取的创新者回头是岸。不管你信与不信，一些团队中甚至存在这样一类人，他们期待着自己参与的新计划失败，正好说出那句名言“我早就告诉过你”，并庆幸自己不用再费劲搞什么变革计划。

在应对此类问题时，校长面临着与招聘新教师时类似的情况。关于教师招聘事宜，我的建议是：若是想要提升学校教学质量，我们应当尽可能地招聘最优秀的教师——远比他们将代替的教师强出许多倍，当然这也取决于离职教师的具体情况。然后，我们应当致力于让学校朝着新教师的业务实力去改变，而不是让新教师为融入学校而做出改变。同样的道理，当学校已然开展新文化建设，教职工们也行动起来时，我们希望大家能够保持这股势头，而不是让新文化顺着旧文化的模子任意弯折，最后退化成原来的旧模样。为了达到这个目标，我们需要高效地巩固新的行为方式。我们也应清楚，有时候初步的尝试并不能完全成功，但还是要对尝试本身表示认同。

教职工持续改进工作

教学能力提升是学区或校园变革计划的主要内容。我们可以通过各式各样的方式提升教师的教学能力。你可以邀请专业的客座教授为全校教职工开讲座，并安排后续的问答环节或者教学小组讨论。你还可以小规模地组织教师参加教育中心举办的相关课程、校外组织的专家论坛，并且让他们在回校后与同事分享所学内容。这些方式都有各自的优缺点，已有许多博客、论文和图书对此进行了详尽描述，我在这里就不作赘述了。一般来说，教师选择哪种方式提升教学能力，取决于该方式在当前情况下可行。当然，还需考虑预算和其他在或不在你控制范围内的因素。

教育从业者都熟知的一句话是，为了让教学能力提升工作有所成效，就必须进行“持续性”的相关工作。这种观点尤其批判了那些“一次性”的教师能力提升项目。其中最具代表性的是，仅邀请客座教授开一次讲座，或者安排少数教师进行一次教育培训，或是参加一次为期一两天的专家论坛。然而，这样的批判都是基于如下假设：所有关于教育的学习只存在于短期的课程或论坛上；所有学过的知识将被瞬间遗忘；任何进取的决心将迅速暗淡失色。

如果以上假设全都成立，那么对于“一次性”教师能力提升的批判才算合理。一般来说，批评家提倡教师应当参与一系列的教育培训，建议客座教授定期巡访学校，并提供咨询服务。当然，如果学校或学区可以负担以上开销，也不是一件坏事。然而实际上，很多学校和学区并不具备这种经济实力。他们的预算连提供一次这样的机会也略显拮据，更别提举行定期教育培训了。

好消息是，如果校领导真正在意教师的能力提升，那么财政预算并不能成为限制持续的专业发展的阻碍。学科主任、年级教学主管或学校校长可以不断提醒教师，应保持持续学习的意识：进行定期教学讨论，不论是正式的还是非正式的；阅读额外的教育学著作以及相关论文；将从书上习得的想法应用在日常教学的实践中。以上活动都能带来实质性的教学能力提升，甚至强于定期邀请校外专家开讲座，因为教师很可能听完就忘，只是机械地等待下一次培训。

相反，如果校领导对某个新的教育观点采取不讨论、不宣传、不感兴趣的态度，那么就算每次举办的专家讲座、教育论坛甚至是每位能力培训师都对该观点极力地推荐，新观点也不会在学校里掀起什么波浪。就算一些教师排除万难参与在职的校外教育培训，并且不断探索、践行培训中学来的新方法，只要缺乏学校领导的鼓励和支持，这种新方法也不可能在校园内扩展开来。

毫无疑问的是，若不能在校园内持续践行某项变革计划，那么这个新想法就无法融入日常工作。

幸运的是，从长远看来，一位高效能的校领导要比充足的预算更为重要。而这个关键因素就在你的掌控之中。

巩固每一步

改变可能是充满困难、偶尔还会带来痛苦的旅程。就算是在理想情况下，改变的进程都在不断尝试、调整和重新启程中前行。各教职工前进的步调不同，我们也应通过多种方法鼓励他们继续在通往改变的征途上前行。有的人只能像婴儿学步那样蹒跚；有的人虽疾步快走却又不时后退。在这个充满变数的征途中，领导者必须巩固前行过程中的每一个脚步。

比如说，你想改善学生的出勤情况。传统的方法是，在学期末的师生大会上表扬那些出勤率完美的学生。这种做法虽出于好意，但现实中考勤优秀的学生数量或许极少，而作为唯一一个全勤的七年级学生并不是一件很

“酷”的事情。一些学校每天都会公布出勤人数，以此强调不要缺课的重要性。这种做法也似乎没有问题，唯一需要考虑的是，这种日常行为很容易变为背景噪音而失去约束性。

一些教师也有自己的方法提升学生出勤率。比如优秀的马弗尔女士会微笑着对全班说：“今天是咱们班第七天连续全勤。今天也很高兴能看见你们所有人！能成为你们的老师我很幸运。”接下来，她或许会和全班分享，自己带过的班级中最长的纪录是16天连续全勤。难道努力打破这个纪录不是一件有趣的事情吗？这样的情感反馈是巩固良好行为的重要手段之一。

想一想哪种反馈更能让你继续坚持健康饮食——“你看上去容光焕发！”还是“已经差不多了”？再想想，什么时候你最愿意听别人夸你变瘦了——在你已经减掉35磅[①]之后，或者当你还在适应减肥代餐之时？间隔的行为巩固（及时且频繁）比高强度的集中巩固更能促进规律性的努力，也能更长久地提升学生的课堂表现。

从讲桌后面走出来

比如说，学校领导层想让教师做出这样的改变：不要总是待在讲桌后面，而是多在课堂里走动，与学生互动交流。在许多学校里，这样的做法可以极大地提升课堂教学质量和学生的学习体验。那么，我们应当如何鼓励教师养成这种工作习惯呢？我们可以邀请演讲嘉宾来校，进行生动有趣、让人记忆深刻的互动教学法的演讲。另外，也可以安排教师参加教学能力提升论坛，切身体会互动教学法的好处，再带着激动的心情回到学校。然而，仔细想一想：有没有这样一种可能，教师早已明白从讲桌后面走出来的重要性，但他们就是不这么做？

① 1 磅≈ 0.453 千克。——编者注

你或许也在疑惑，为什么教师们不愿意多花一些时间与学生们进行课堂互动。或许因为他们精力不足；或许因为他们缺乏高效沟通的自信；或许因为他们没有意识到自己待在讲桌后面的时间过长。不论何种原因，你都希望教师能够增加课堂上与学生互动的时间。那么，除了寻求校外帮助以外，有什么方法能在校内激励教师这么做呢？

高效能的珀安校长或许会在“周五焦点”的公告栏中，甚至在教职工大会上表示：

前几天我与学校一些优秀的教师进行了交流。我问了他们这样的问题：“你什么时候会选择坐在讲桌后面给学生上课？”

我以为得到的答案会是“几乎不”，或者甚至是“从不”。因为在我的概念里，高效能教师是这样的形象：他们总是站着上课，绕着教室走动，与学生互动交流。而我得到的回答更加全面。正如我所预料的，他们在教授知识时一直在教室里走动。他们又补充道，学生做题或自习的大部分时候，他们也会来回走动。他们会不断观察每位学生的状态，回答他们的问题，引导自学方向，管理教室秩序。

但最为有趣的情况是，如果他们认为此时学生应当进行完全自主的思考，他们就会在身体上和心理上将自己与教室隔离开，端坐在讲桌后面。因为如果他们继续来回走动，学生就会举手提问。学生会理所应当地认为，老师在身旁就是为了回答问题的。如果他们只是冷眼旁观，回答说，“你应当自己解题”，就会显得有些奇怪。

当然，即便他们坐在讲桌后面，也会有学生举手提问，甚至走过来寻求指导。不过此时，他们更容易自然地说，“你需要自己思考”。

在分享了优秀教师的工作情况后，珀安校长还附上一些自己的观点：

我很欣赏这些教师周详的思考和细致的工作。接下来的一个月中，我会询问每一位教师相同的问题。之前教师的回答让我明白，坐在讲桌后面或是走动着和学生互动，对于课堂教学而言有一定的重要性！

之后，如果珀安校长更为频繁地巡访课堂，并且在公告栏“周五焦点”提及她的发现，那么，在下周一上课时，应该只有极少教师还能安稳地坐在讲桌后的椅子上了。珀安校长可以找机会写一则简报，表扬这几周里从讲桌后面走出来的教师，感谢他们为了与学生互动沟通而付出的努力。

我们应当知道，如果想让这个提升教学质量的“走出来交流”从单次活动演变为长期的课堂行为，就应当维持其在校园内的话题热度。比如说在几周之后的教职工大会上，或者在“周五焦点”的公告栏上，珀安校长再次分享，内容如下：

这几天我巡访了好几个课堂，发现几乎每位教师都没坐着，而是走出来环绕教室与学生交流，关注学生的学习进度和状态。我之所以说“几乎”，是因为马弗尔女士班上的同学正在为之后的诗歌游园会默读诗歌、沉浸式体会诗歌意境。而马弗尔女士坐在讲桌后，修改和完善游园会计划的细节。我在她的课堂上体会到了一种安静的热闹！

我欣赏你们每个人的付出，也表扬所有的学生！我很幸运能与你们共事。你们增加了课上与学生交流的时间，的确让课堂变得更好了。感谢你们专业的工作态度。另外，期待即将举行的诗歌游园会！

这样的发言能起到多种作用。第一，能够在情感上巩固教师的“走出来交流”行为，这比直接讲道理更加有效、更有意义。第二，能够持续维持“走出来交流”在校园的话题度，让教师继续加深认识，而不是把它当作表演几次就可以遗忘的行为。第三，这也能带给大家一种强烈的印象，即每位教师都在遵守校长强调的课堂行为。这样一来，教师能明白什么是正确的行为，并且巩固这种正确的课堂行为。那些还坐在讲桌后面的教师，也将朝着你所倡导的行为做出改变。

我们可以在许多时候巩固教师正确的行为。或许在外人看来，一位教师从习惯坐在讲桌后转变为走出来环绕教室走动，并不是一个重大的改变。然而对于这位教师而言，开始习惯做一件以前不常做的事情，却是一段奇妙的旅程。如果不能先学会从泳池边跳入水中，也很难成为一名具有奥林匹克水准的跳水运动员。

公开表扬和私下表扬

是公开表扬还是私下表扬，对于领导者而言是一个微妙的抉择。如果你正对此犹豫不决，那么更安全的做法是进行私下表扬，以此巩固教师新的正确行为。虽然公开表扬可以激励教师继续遵守你倡导的行为方式，但也存在一些问题：可能会将受到表扬的人置于聚光灯下，从而让本人产生不适感以及让同事产生负面情绪。若真的如此，也就不能起到巩固新行为的作用了。

我们可以通过回答两个关键问题，确定当前情况是否适合公开表扬。一个问题是：“我们是想突出一个人，还是想巩固某种行为？”如果萨万娜同学为诗歌游园会创作了一首惊才绝艳的诗文，马弗尔女士可以赞美她的才华；如果马库斯同学苦思冥想了半小时才写出寥寥几行话语，那么马弗尔女士可以表扬他学习用功。然而，这样的赞美和表扬最好在私下进行。在人群中单独表扬一位学生，会在其他同学中滋生嫉恨。如果每次都表扬同一个人，那情况将更加糟糕。

公开表扬也可以成为一种强有力的手段，帮助我们巩固某种正确的行为。如果幼儿园的小朋友乖乖从操场回到教室观看“每周天气预报”节目，此时，告诉他们“谢谢你们一直保持安静，还自己挂好了外套，真棒！”可以教导小朋友从露天操场返回教室的正确做法，并且巩固他们的正确行为。如果有三位教师在周六加班，将乱糟糟的资料室打扫干净并整理整齐，那么，我肯定会在下周的“周五焦点”中提出表扬。因为，这样可以鼓励其他教师效仿。

然而这又将我们引向了第二个问题：“你想巩固的行为是每个人都能做到的吗？”不是每个人的GPA（平均学分绩点）都能达到3.5分的水平；我们应当三思，是否应该公开表扬这种仅有部分人能够完成的行为。比如，珀安校长想让更多的教师在课堂上从讲桌后走出来（这是每个教师都能做到的），她在叙述时会避免提及最先这么做的三位“优秀教师”的名字。因为那样会让听众的注意力从行为本身转移到这三个名字上去，而且突出个人还可能让其他人心生嫉恨。

因此，珀安校长采用了匿名的方式进行表扬。“前几天里，我巡访了好几堂课，几乎每位教师都没坐着，而是环绕教室与学生交流，关注学生的学习进度和状态……我欣赏你们每个人的付出，也表扬所有的学生！这让课堂焕然一新。”那些采用了互动教学法的教师会认为，这是在肯定自己。并且，每个人都得到了这样的信息：学校提倡这种课堂行为。

如果想点名表扬明星教师但又想避免造成孤立，那么你可以将其与几位尤为优秀的骨干教师放在一起表扬。明星教师做事通常都臻于完美，而明星教师与骨干教师合作也能得到相差无几的结果。然而比起单独表扬明星教师，将明星教师和骨干教师一同表扬，更能让其他教师接受。

强化尝试的意愿

每个人都喜欢胜利——不信的话，看看不同的比赛场上的观众人数。如果主队连连获胜，或者已经打入决赛圈，那么就是一票难求。然而，若是球队接连失利，那么球迷可能就开始打主意转出手中的球票，甚至免费送给别人。

不过，校园中的“比分变化”却不如体育赛场上那样直截了当。有时候，我们在引领学校进行变革计划时，输赢并不那么明显。我们难以分辨教职工目前究竟是在积蓄力量奋起前行，还是马上就要跌入低谷。我们甚至难以确定，目前是在第五赛段还是第九赛段。不论是学校领导还是全体教职工，都对这样的改变之旅感到力不从心。面对挑战和未知，我们总有成功或失败两种可能。

然而，如果你能在改变的过程中鼓舞团队的士气，而不只是强调成功的结果，那么就能提升队伍的赢面。改变是一个循序渐进的过程，我们需要像鼓励婴儿学步那样，不断引导队伍朝着正确的方向前行。

成长会在某个难以预料的瞬间涌现。因此，即便有时教师队伍看似在原地踏步，我们也要肯定他们正在付出的努力。就算在过程中发现计划行不通，或是未能达到你期望的结果，也不意味着尝试本身毫无价值。

这对于那些过分强调结果得失、总是犹豫不决的员工而言尤为重要。仅仅让他们行动起来尝试一种新方法，就比让明星员工取得最终成功更为困

难。但如果你能不断强化尝试的意识，他们也可能会开始行动。

向着胜利出发

最好的教师能让教室里每位学生都感到自己受到了重视。他们知道哪些学生数学困难；哪些学生英语薄弱。他们也会密切关注需要学生独立完成的学习项目，确保学习方向正确。当教师发现哪位学生的独立学习成果优秀时，就会鼓励他们组建学习小组，将学习方法分享给大家。通过这些，教师引导学生朝着胜利前行，加强尝试的意愿，完成自主发展。随着时间的积累，学生的经验不断增长，变得更加自信，敢于面对那些赢率更小的挑战。每一次积极正面的行为巩固和意愿加强，都在为未来更多的可能和更广阔的天地铺设道路。

同样的道理，最优秀的领导会让自己团队中的每位教师感受到肯定，会尽一切努力让他们提升专业能力。在第6章“削弱抵触情绪”中我们提到，为了让团队中的消极人士无暇干扰改变的进程，可以让他们承担节日活动的准备和筹划工作——如春日野餐、年末聚会，等等。不断肯定他们对于办公室工作的正面贡献和日常事务中的重要性，他们就更可能在少数骨干教师的帮助下，在处理其他类似事务的过程中表现出同样良好的工作态度。如果第6章中提到的策略运行顺利，那么你也可以伺机让这些“消极分子”参与到舒适区以外的工作中。或许在潜移默化中，他们将更愿意参与那些需要努力但结果不定的具有挑战的工作中。我们要记住，聘用优秀教师只是提升学校的半卷秘籍，提升在职教师的水平也同样重要！

与此同时，你应当追踪关注事态的发展。如果团队中有人承担了更多的工作或表现出更好的工作态度，你需要私下表达对他们的肯定。如果他们知道你看到了他们的额外付出，将更愿意接受具有挑战的工作。另外，当你公开表扬整个团队时，他们也更不会因与工作量更少的同事受到相同的称赞而感到不满。

良机莫失

作为领导者的我们应当记住，前进道路中一个微不足道的改变或许就是那些重大进步的契机。最优秀的领导会密切观察那些不愿意接受改变的员工，不断引导和激励他们朝着正确的方向前进，并在过程中不断巩固正确的行为。优秀的领导或许不会在公开场合大肆宣扬，但会在私下明确表达欣赏："今早课间的楼道真是水泄不通！有几个特别着急的学生在人群中险些推搡。你能站在教室外进行管理和疏散真是帮了大忙。谢谢你！希望明天也能在过道上看见你。"

如果米德林先生拒绝参与"电访"活动，那么校长可以在他的课堂上待一会儿，抓住时机开口道："你看，胡安同学的这道代数题是不是讲得很不错？他妈妈一定会感到骄傲的。你在学校足球赛上见过她，是吗？她是我见过的配合度很高的家长，要不要打个电话告诉她胡安的优秀表现呢？电话号码在这里，一会儿告诉我电话沟通效果如何。"这能开启一个良好的"电访"首秀。

如果玛拉奇女士对自己的课堂管理能力不自信，那么当她主动进行课堂录影以便自我提升时，便是关键时刻。你需要表现出对她这种行为的欣赏！如果在她7年的教学工作中还未进行过一次公开课互访，那么当她开门迎接其他教师到访时，也是一个关键时刻。如果你未能及时关注并巩固这种行为，她可能会想："何必坚持？"当她选择走出舒适区进行公开课互访的时刻，就是一个微小但重要的改变，你应当向她明确传递出肯定的信号。

发掘每个人的闪光点

在《如何应对难缠的老师》一书中，我解释了“每个人都有闪光点”这一观点——你或许需要拿着放大镜仔细寻找。用这种策略管理员工，或许十分考验你作为领导的能力。因为，领导也是人，有自己的好恶。但是我们也应该记住，其他人也是人。即便是最消极的人也具有多面性，总不会面面不足。

在第4章“锁定关键人物”中，我提到骨干教师也具有明星教师的优秀品质，不过需要加上“较大程度”和“很多时候”这样的限制词。我们也能用同样的方式看待消极的教师：他们在“一定程度上”“某些时候”表现出明星教师和骨干教师身上的优秀特质。即便是最消极的教师也展现出了“一定程度”的创造力、成效性和认真的态度。他们在“某些时候”也会努力工作，遵守规定，将学生放在第一位。

每个人都想获得价值感。有时候，人们之所以厌恶旁人受到赞赏，是因为这让他们感到自己失去了价值。为了确保每位员工都能跟上前行的步调，我们或许需要淡化那些最为耀眼的员工，更为平缓自然地让全体人员共同进步。

让我们假定那些消极的员工也想做正确的事情。我们需要肯定他们的才华，奖励他们的付出，巩固他们积极的行为。按照这种思路工作，我们才能将最为宝贵的要素——人力资源扩展到最大。

纸上得来终觉浅

本书第174页上列出的实践任务，能让你找出团队中关键的潜在领袖，告诉你如何开始推动员工前进，还能帮助你在前进的过程中巩固员工的行为和意愿。

第10章

多种策略融合使用

想象一块魔方。为了解开魔方，你需要不断旋转小方块，直到每一面上9个小方块的颜色都相同为止。这意味着在旋转的过程中，你不能只考虑一面，而应是许多面。或许你需要挪动两块绿色的位置，同时将一块红色放在恰当的位置上。然而在诸多的变幻之中，也有不变的定数。比如说，每一面上中间的方块总是固定的，且与对面中间的方块相连接。无论魔方如何转动，这3对方块总是位于中间位置，其他方块都围着它们转动。

至此你已明白，本书并不是像机械说明书那样，直截了当地用1、2、3等序号确切写明每一步骤。书中阐述的9条建议以及多种策略可运用在各种机构、组织或团队中。不过，每位领导者的实践操作都各有不同。或许，你在这种情况下会重点使用这种策略，在那种情况下又频繁采取那种策略。改变的过程具有多面性，不是简单的线性过程。然而就像魔方一样，改变的过程中也有不变的定数，帮助你将所有变幻的环节黏合在一起。在本书的最后一章，我将通过举例的方式，重点阐述一些百试不爽的策略。

确保改变的必要性

人们，特别是积极向上的员工，并不会强烈反对改变。然而，人们都反感强迫性地为了改变而改变。有些资深教育工作者认为，应当对变革计划抱有适度的怀疑。他们有此想法的一个原因在于，教育界中充斥着纷繁复杂的新思想、新观点、新项目，各自都在极力宣传自己优于现行的教育方法。这些教育工作者或曾积极响应过一些改变的呼声，付出努力践行新观点。然而，当教育界的风向转变或是新领导上任时，之前做过的工作便一朝付诸东流。每遭受一次如此打击、每付出一次无用功，都在削弱下一次变革计划的可能——即便下一次是真正有意义的关键改变。

> 永远牢记，你的学校里真正做出改变的是教职工而不是新计划本身。

我们要记住，人的时间、精力和意志是有限的消耗品。在决定施行某个新的教育观念之前，你需要确定这次改变值得我们所有人将要付出的努力。在决然前进之前，记得征求校内最为高瞻远瞩的教师的意见。想清楚这几个关键问题：怎样对我们的学生最好？怎样对我们的学校最好？这样的改变能否满足我们的需求、帮助我们成长？

勇于承认改变中的失误

为了确保改变的必要性，我们应当随时保持警惕，同时要勇于承认正在进行的变革计划并不适合学校当前的状况。在变革计划执行的早期，我们应当相信自己的直觉。同时也要保持开明的胸襟和开放的办公室大门；让教职工明白这项变革计划并不是如石碑上的铭刻般不可动摇。在评估变革计划的进展时，为了达到更重要的目标，要勇于停止那些进展不顺利的工作。

聚焦于进步

本书致力于谈论，如何引领学校走向改变。不过我真正希望的是，你的工作能推动学校实现实质的进步，从而让学校变得更好。改变本身并不困难，即便毫无领导能力的领导也能做出一些改变。任何人都能轻松地让一个团体改变前进的方向，走向最容易的那条路；任何人也都可能会陷进散漫低效的工作方式。但是，本书中说到的改变意味着带领团队和员工不断进步和成长。

我在教育研讨会上讨论如何应对难缠的教师时，常让其他参会者归纳难缠的教师有哪些特点。参会者通常这么形容这类教师：抗拒任何形式的改变。比如说，每当让这些教师提升自身能力时，他们总是固执地不愿接受。因为，几乎所有的进步都需要付出更多的努力和工作。我们作为校领导，工作重心是推动学校进步，而提升教师能力是达到这一目标的唯一途径。

遵守100小时原则

你是否曾在某个研讨会或教育论坛上，得知了一些发人深省的观点，或者一些能够改变校园现状的方法？还记得接下来发生了什么吗？

或许你会像大部分人那样，想要匆忙赶回学校，立刻宣传这个令人振奋的教育观点，即刻开展相关实践活动。然而当你真正回到学校时，看见办公桌上堆着一摞待批阅的文件，邮箱里积攒了几十封待处理的邮件，还有许多通需要回复的电话，另外还有两个重要的会议安排，你对自己说，先把这些紧急事务处理完毕，再来着手开展关于新观点的活动。不过又像大多数人一样，你手中的紧急事务接二连三并无停歇。在学校里忙过几周后，又有家庭计划亟待完成。就这样不知不觉间，那个让你惊艳的观点渐渐褪色。当学年到头，你收拾办公桌时，又发现了记录着那个观点的小册子和你当时做的笔记。但不知为何，同样的观点却再也不能激起当时那种兴奋和激动了。

即便我们并不喜欢，但这样的事情发生在很多人身上。遵守100小时原则是一个避免此类情况的实用策略。简而言之，从一个新观点震撼住你时开始，你只有100个小时可以开展相关活动。一旦错过这个窗口期，你就很可能再也不会采取任何行动了。

当然，100小时比较主观，类似的其他方法规定的时长从5小时到5天不等。不过，万变不离其宗：为了不让这个绝好的新观点像以前那样被你遗忘，你必须立刻做出行动。

看到这里你可能会想，第3章“确保首秀圆满成功”中明明建议，不要急于回去宣传新观点。你的确需要周全考虑大家与新观点的首次见面，上文说的“立刻做出行动”也并不是指即刻展开宣传活动，而是指你需要立刻制定计划，避免今后忘记这件事情。举个例子，比如你在4月参加的研讨会中，理解了项目式学习，并认为这与学校目前的情况契合。那么，你可以立刻在年末领导会议的日程草案上添加一项：“分发关于项目式学习的文件资料。”然后，你需要在日历上提前一周的位置做上标记，提醒自己准备相关材料包。

除此之外，还有许多简单有效的方法可以让你记住这个新观点。你可以将研讨会专家的网页标记书签，或者订阅主办方的每周邮件公告。如果你是与学校或学区的其他人一同参加的研讨会，那么只需要组织一场午餐会就能让大家重新讨论起新观点来。

不过，100小时原则并不意味着你绝不能暂且搁置任何新观点，毕竟事情都有轻重缓急。但当你将这个新观点搁置一旁时，你需要让它保持温热——就像在开着小火的灶炉旁放置计时器，免得在你专注于其他地方时，这一壶新观点却烧干殆尽。在你仍旧对新观点心情激动时采取行动，抓住这个时机。

为变革制定前进的步调

当我们反省那些未能达成的目标时，常见的原因是因急于求成而功败垂成。这或对或错。我们应当认识到，急于求成的“急”是个比较级的判断。对于那些根本不愿意改变的人而言，蜗牛爬行的速度都显得太快了。很多时候人们说“慢点儿”，其实想说“别动！”。那么，如何判断该以怎样的步调进行改变呢?

并没有什么铁律可以用于判断快慢。不过有一项有效的指标可以参考：所有关键人物是否已经参与进来了。正如在第8章“增加认可，推动执行”中所言，你可以根据亲自绘制的参与人员关联可视图，追踪大家对新观点的认可情况。明星教师通常都是乐于接受改变的；如果连他们都踌躇不前，或许意味着这个新观点并不适合你的学校，或者你的变革计划需要有所修改。与他们交流，倾听他们的意见。如果这些关键人物已经参与进来，给他们留出足够的时间，让他们发挥自身影响力，尽可能引导周围人加入。与他们保持沟通，倾听反馈的问题。让新观点在教职工中的认可度，为变革计划制定前进的步调。这样顺势而为，可以极大程度上避免那些消极者将执行过程讥讽为：“预备，射击，瞄准。”

抓准三个改变的好时机

在谈论第2章“明确改变内容”的第一个策略时，即便是一项最为简单明了的程序改变也显得像是一番翻天覆地的大动作。就算是细微的变动，不断接踵而来也让人难以招架。如果你这周决定更改课间人员流动的规定、下周又改动中午就餐时间、再下周还要修改防火演习计划，那么教职工就会开始感到不安。一般来说，长远看来，一次性进行多项改变能让工作更为高效且容易推行。在教职工逐渐适应改变的过程中，你应该提供他们所需的支持。另外，正如我们之前所说，做出这些改变的最佳时机是学年之初。

就我的经验而言，大部分人在开学初始的表现最佳。学生学习积极，课堂也能保持安静；教师们兴致勃勃地翻开崭新的教案本；就连缺勤记录本和考核本上都还没有一条记录。在大家回归熟悉的节奏和氛围前，你可以利用这个窗口期进行程序改变和结构改变，建立更合理的规章制度。开学后的首次教职工大会就是提出期望、介绍新规范的最佳时机。如果你恰巧利用暑假的空档，重新布置了会议厅的陈设，那么会议效果将更加突出。

我们每年都有一次这样的绝佳时机：每年都能迎来一个新学年。另外，还有两个开展变革计划的好时机，不过这些时机更为稀少。当学校迁入新校址时，全新的设施会改变日常工作的许多方面，也就更容易做出改变，在各个方面进行提升和优化。此时便是做出改变、提升校园文化的绝好机会。

另外，当学校或学区迎来新领导时，也是做出改变的好时机。此时，每个人都会尽力表现自己，也会在潜意识里认同，新领导将带来新改变。他们下意识地认为将有新的期望和新的校园规则。如果你就是那位新领导，别让他们失望！你应当从一开始就明确地指出新方向。

接下来我就用一个校园管理的琐事来阐明如上说法。多年以来，里弗代尔高中的教职工在接电话时，一直都只用友善的口吻简单地报出自己的姓氏："杰斐逊"或者"林肯"。后来新校长上任，他对接电话的开场白有新的想法："早上好，里弗代尔高中图书馆"或者"早上好，里弗代尔高中接待中心"。这位新校长应当在第一时间告知教职工这项改变。如果一个月后才提起这个新要求，那么听上去就多了些谴责的意味。

我知道这当然是个十分琐屑的小改变，看上去似乎只是一项程序改变，只用一个备忘录传达到位即可。然而，这项改变其实也涉及人的行为变化，因此它实则是要求进行文化氛围的改变。另外，对于那些明确的文化改变和结构改变，新校长也应在第一时间提出。如果新校长决定通过改变教师研习会的频率和性质（结构改变），来提升学校的教学和学习风气（文化改变），那么他就应该在第一次教职工大会上明确表达这个想法。

把你意图推行的改变变为他们的想法

教师和领导面临着一项相同的挑战：激励别人按照自己的想法做事情。很明显，一些人在这方面有着更强的能力；明星教师能鼓励班上的学生做几乎任何事情。成功做到这点的一个关键策略在于：把你想要推行的改变变为他们自己的想法。如果他们认为这就是自己想要进行的改变，那么就会毫无阻碍地执行。但如果他们认为这只是你的想法，或许就不太卖力。

在第5章“寻找切入点”中，我介绍了校长应当如何引入课堂录像这项新活动。他需要阐明这项活动是为了教师自身的自我提升，还要透露已经有数位教师自发提出了需求，而且活动需要的录影设备和人员已经安排就绪。在第7章“管控情绪的力量”中，我们看到珀安校长采取进一步措施，迂回地表示“你们很多人都在说，课堂录像的好处颇多”以及“一些教师还担心自己是不是过于频繁地劳烦摄影人员”。珀安校长通过这些间接的言语，影响和鼓励更多教师参与这项新活动。同样的道理，让自愿参与的教师对电访活动进行正向反馈，要比强硬地要求更多教师参与该活动，更能引起积极响应。

采用鸟枪法[①]

最早的时候，汽车并没有设计安全带。就算在安全带的概念形成后很长一段时间里，人们也只是把它当作摆设。之后采取了多种措施普及安全带的重要性，其中包括：安全带成为车辆的必备配件；电视广告、道路广告牌、新闻报纸上开始铺天盖地地宣传系安全带的必要性；交通法规颁布强制令；

① “shotgun approach”又称散弹枪法，是分离目的基因的一种方法。简单来说，短时间内在林子里乱枪射击就可以将林子里的大多数鸟打中。——编者注

高速公路口的提示牌写着“系好安全带”，小学课堂里也开展了专项安全教育。到现如今，大部分人都将系安全带当作理所当然的事情，若没系上就自感不适。司机会提醒乘客系好安全带，乘客也会提醒司机。孩子们更是向父母强调必须要系安全带，如果自己还没系好车就开动了，还会提示司机等一会儿。我们很难判断是哪一项举措成功改变了人们的行为习惯，但如今这样的“新要求”我们早已习以为常。

校领导也应采取类似的多管齐下的方式，推动变革计划的进程。你可以根据学校的具体情况因地制宜，将书中提到的各种方式有机地糅合在一起。你采取的方式越多样、涉及的面积越广，就越难让人拒绝。你的“新想法”也很快就能变成大家习以为常的行为。

在日常工作中使用多种策略

根据我担任校长时的工作经验，我总结出若干个关键的制胜法宝，阅读本书你会得知：

- 将公告栏“周五焦点”用作每周校园备忘录。
- 养成巡访课堂的习惯。巡访应频繁但简短，有时可能教师和学生都未有察觉。
- 按意图刻意布置教职工大会的会议室或礼堂。
- 向营造良好校园氛围的教职工表达感谢和欣赏，答谢规模可大可小。
- 通过电访让家长得知学生在校的优秀表现，不要只在学生犯错时找家长。

作为学校领导，我们不能只在需要推动学校做出改变时，才采取上述这些方法。我们应该在日常工作中经常使用这些方法，让教职工对此习以为常。否则当需要改变时，教职工也将你施展的这些手段当成一种改变，反而让变革计划更加难以推动。

思考第9章“巩固新行为，强化尝试意愿”中提到的策略。我们将这些方法融入日常，才能更加积极正面、更高效率地达到目标。比如说，如果我刚在“周五焦点”公告栏中提到，教师正在从讲桌后走出来，环绕教室与学生沟通交流。那么在之后几天中，未提前告知的课堂巡访就像是在说“抓住你了吧！”，而不是“很好，加油！”，除非教师早已对我频繁而简短的巡访习以为常。

或者再看看第6章“削弱抵触情绪”中提到的策略。我建议你重新布置会议室的座位排布，来分散消极情绪的员工。然而，如果你在某次会议前突然重新布置，就如突如其来的改变一样让众人感到困惑。相反，如果你从一开始就不断进行这样的行为，让教职工对此习以为常，那么大家就更容易接受会议上的座位更换。

另外，在要求教职工听从指挥之前，应当先与他们建立良好的关系。我听别人建议过，在与家长面谈一些为难的事情前，先表扬几句他们的孩子。就我的经验而言，这更像是一种让家长与你统一战线的手段，而不是真心实意的赞扬。在真正需要使用这种方法之前，如果你能在与家长的日常交谈中就习惯性地说几句积极正面的评价，那么将大大提升其效用。

寻求积极员工的助力

我们需要提前与那些积极乐观的教职工建立友好的工作关系。不论是否直接参与变革计划，积极的教职工都能在新观点的宣传和传播上起到关键作用，特别是在校外的休闲时间里。在重大改变即将来临前，各种传闻四处传播。乐观积极的学校保安与朋友打牌时的随意聊天，或许就把即将推行的新计划传遍街头巷尾。“是啊，他们已经酝酿很久了。看得出是花了精力完善各个细节。就我看来，这一定会让学生学得更好。”如果乐观的保安如此评价你的校园变革计划，那么一定能帮助你正向推动变革计划。

传言管理

当改变近在眼前时，高效能的校领导会与参加变革计划的每个人保持定期交流，不论是校内员工还是校外人员。另外，校领导还应该关注教师休息室、秘书室、校车站这些八卦聚集地——要知道，传言往往是不胫而走的。

“我看见他们把图书馆里的历史书都打包起来了——我猜是不是要把历史书都处理了，现在学生都上网查资料了，不是吗？”

“我听说图书馆要清空所有的书！”

“我看见专业维护工扛着清洁器具进去了，连续三天呢。”

“听人说那儿滋生了严重的霉菌，要花好几千处理呢！”

实际上，学校每年夏季都会请专业清洁工来清理书架。

此时就是“周五焦点”派上用场的时候了。你可以将相关报道发送给社区里所有对学校感兴趣的人们——不仅是教职工，而是所有能提供积极帮助的人。你还可以发送给地区管理办公室和其他学校的校长，以此扩大影响力。

齐心协力，共赴胜利

即便是高效能的校领导，也可能在自上而下贯彻新计划时遇到困难。团结一致才是推动学校进步的唯一方法。我希望你能善用这些策略，尽可能地让每位教职工参与到你主导的变革计划中。希望你阔步带领你的学校走在成长的道路上，让学校变得更好！

附录一：执行指南

该执行指南将提供每条建议下应当讨论的问题和进行的活动。这些问题和活动可仅由一名教育工作者完成，不过更适用于不论是学校、学区或其他组织机构的团队合作和领导小组。完成本指南中的各事项，将让你更深入地理解本书描述的各种策略，更大程度上提升你的团队领导能力，帮助你推动组织机构中需要进行的变革计划。

由衷地感谢唐纳德·默克尔为本指南所做的准备工作。另外，也感谢曾在学校、校区中与我共事多年的各位领导和教师。

第1条：明确改变内容

任何从事教育行业的工作者，不仅是那些天天行走在校园内的，也不仅是教师和学生、保卫室的员工或食堂的厨师，或是不常见面的代课老师，对于学校都有自己的见解。从地区监管到工人，以及开车通勤途中路过校园的每个人，都会以自己的视角看待学校。有时候甚至可以这么说，他们每一个人都对学校的进步产生作用。当学校需要做出改变时，他们都会理所当然地期待学校校长作出行动。

在校长决定开展积极正向的校园改变前，应当先明确了解学校的具体状态。其中，熟知学校的历史和文化尤为重要。你不必记清楚每位批改作业的教师的名字；只需清楚基本要素即可。学生的构成如何？校友录中是否有需要注意的人？学校对于周边的影响如何？我并不是要求你去专研学校、校区的文件资料，找出之前的所有蓝图。但是，明确校园的情况对于任何想要做出改变的校长而言都有益处。

或许你会产生疑问，这为何重要。我们可以用逻辑回答这个问题。举个例子，假如说你是在一所综合实力一般的学校担任校长，想要提升学校整体面貌。你可以主张数十项变革计划来达成这一目标，但你不想让教职工再次经历以前踩过的坑。你想避开这些陷阱沼泽，不想让他们再次陷入其中挣扎前行。因此，明确之前曾经历过哪些改变，取得了何种程度的成功或失败，不仅能避免重蹈覆辙，还能让你在多疑的末尾教师面前建立积极正面的形象。

在第一条建议中，我们提到了三种不同层次的改变：程序改变、结构改变和校园里的文化改变。当校领导努力推行有利于在校学生的改变时，应当先考虑文化上的改变，而后才是程序上的改变。虽然推动教师们采取课堂录像的方式进行自我提升很重要（程序改变），但是改变教师对待学生的态度，鼓励学生准时到校上课显得更为重要（文化改变）。

既然每位教职工都想成为名校的一员，那我们就来打造一所名校吧。

问题是什么

实行变革计划的第一步是，确定为什么需要进行改变。那么，我们如何确定学校需要做出改变或调整呢？

1. 让领导层的每个人包括你自己撰写清单，列出学校需要改进的地方。

2. 基于个人列出的清单，找到相同项总结为主清单。该主清单可以在整个“执行指南”中使用。

3. 与教师团队重审和修改主清单，明确我们的工作重心应该放在问题本身，还是放在问题引起的现象上。如果所列项目都是问题引起的现象，那么重新整理清单，让团队可以聚焦于问题本身。

4. 学校的问题以及解决方案可能来源于任何地方。与团队协作，找到阻碍学校进步的根源问题，并将其根源列在问题描述旁边。

5. 逐个分析每个问题，查看先前是否已对某些问题尝试进行改变。不论先前的变革计划如何微不足道，记录在与之对应的问题和根源旁。

6. 如果当前学校正在针对某些问题进行改变，列出已经执行的工作和整个变革计划，并分享给学校管理层。

7. 为什么要在此时执行这些变革计划？这些改变对学生和教师有什么影响？将这些答案备注在列表中相应的问题旁。

改变的三个层次

本“执行指南”将改变分为三种不同的层次：程序改变、结构改变和文化改变。

程序改变

所谓程序改变指的是，低级别或技术层面的改动。

1. 让团队中的每位成员以列表的形式提出新学年中需要进行的程序改变。清单上需要标注该成员所扮演的角色。

2. 执行团队应当对个人提供的列表中至少三项程序改变达成一致意见。执行团队不需要详细解读改变内容，只需确认每位成员都同意进行这些改变。

3. 我们将要进行的尝试或许是以前老计划的翻版。如果团队认为某项程序改变在几年前已然尝试过，那么讨论总结出成功或失败的原因。

4. 将此案例作为学习如何执行典型程序改变的练习素材：综合管理室认为校外访客程序具有安全隐患，希望能修改访客制度，增加规定，要求来访者在进入教学楼时进行登记。通过团队合作处理综合管理室提出的安全问题，修改学校现行的访客登记规定。

5. 你该如何向来访者传达新规定呢？制作一块常见的“访客须知”牌，将新规定写在上面并放置在接待室门外。

6. 如果有必要，可更换学校的“欢迎牌”。让团队商议将文字内容改得更加友善，而非拒人于千里之外。

结构改变

结构改变实则是管理组织层面的改变，比程序改变更为复杂。

1. 在领导层内，宣布你认为在该学年内需要进行的三项结构改变。新的结构改变可能在过去曾进行过，或者是现行政策的延伸。

2. 经过领导层内部讨论，以列表的形式定下最为重要的结构变革计划。或许在执行结构改变时，需要取得部分教职工的支持。另外，你还需决定这些计划在教职工中的传达范围。

3. 在选定好首批实践结构改变的教师后，制定执行的初步计划。那么，应当正式执行还是采取尝试的态度呢？

4. 你想要避免关于变革计划的负面反馈，因此应当思考如何才能让反馈变为具有建设性的意见。

5. 列出上学年进行过的结构变革计划。在每项改变旁备注是否依旧有效，是否需要进一步扩展。

6. 评估之前的结构改变是否达到预计效果。如果没有达到，总结出失败的原因。

7. 现在，我们可以着手制定本学年的结构变革计划。变革计划完全由学校现状决定，可以是细微的变化。

文化改变

文化改变意味着改变学校处理各种事务的特有方式。改变校园文化就是改变学校的灵魂和精神。

1. 作为学校校长，你有能力执行变革计划。假设你的改变决定能够取得学区和校领导层的支持，请选择一项细微以及一项重大的文化改变项目。

2. 明确这些文化改变计划对于学校进步的必要性。

3. 写下之前未能执行这些文化改变的原因。是否存在阻碍改变进程的障碍？

4. 这种程度的改变需要诸多人员的参与。让领导层列出那些对推动校园文化改变具有重要影响的教职工。他们对于文化改变的成败至关重要。

5. 为了让校园文化改变成功和有效，全校每位教职工的支持虽然不是绝对关键，但也十分重要。除了号召授课教师参与改变学校文化，我们还能把工作重心放在谁身上呢?

6. 在这些变革计划执行后，记录下教职工的反馈。他们是否普遍表现出怀疑?是否仅有少部分人愿意参与?

7. 列出可能赢得教职工支持的团体的清单。

第2条：确保首秀圆满成功

“永远没有第二次机会来留下第一印象。”这句话的适用范围广泛，可用于从第一次约会到新工作面试的各个场合。（实际上，这两种场合十分相似。）

本“执行指南”的目的在于，指导校领导层在宣传和推行改变措施时，利用“第一印象”策略，积极正面地鼓励教职工参与执行新计划，赢得他们的支持，调动其主观能动性。

圆满的首秀将为校园变革计划的成功奠定坚实的基础，也就如糟糕的开头通常意味着失败一样。人们总会凭借最初获取的信息对其评头论足，而且初印象一旦形成就如影随形般贯穿始终。

这种对于初印象的执着是人类的本能。我们只需初听几个音符的旋律，就能判断自己是否会喜欢整首歌。我们只需初看几眼片段，就能决定是否拿起遥控器换台。

报纸会提炼出新闻概要，放在醒目的地方，因为读者习惯浏览重要信息，再决定是否继续阅读全篇。我们的评价也常常建立在对他人的初次印象上，而不是根据他们未来潜在的品质。

高效能的校领导必须清楚，在向教职工潜移默化地灌输校园变革计划的时候，可能遭遇各个方面的阻碍。资历较深的教师会认为，之前也进行过诸多类似的改变，但收效甚微；资历尚浅的教师或许对不熟悉的事物感到恐惧，而态度消极的教师会不时通过令人泄气的言语阻碍计划的实施。

幸好，前文提到的那些用于激励主观能动性的方法可以解决在此过程中的许多问题。你需要邀请教师参与到变革计划中，成为校园文化改变的一分子，而不是强制他们盲目地执行你制定的新规则。这一点对长期计划而言尤为重要。

校领导需要成为变革计划的模范和榜样，才能得到正向积极的结果。

初印象的重要性

推动校园变革计划的关键在于，你需要考虑周全新计划的首秀，杜绝任何可能阻碍首次活动的因素。

1. 用一些形容词描述你对教职工动员大会气氛的感受。让新来学校任职的教师写下他们对之前任职单位里动员大会的感受；让新手教师写下他们对动员大会氛围的期许。

2. 对比每位教师对教职工动员大会的感受。他们期待怎样的动员大会氛围呢？

3. 鼓励学校领导层打破教职工动员大会的传统模式，积极主动地尝试新方法。让领导小组根据学术交流、论坛等途径总结经验，将商讨后的新方法以报告的形式列出，也可以列出一些仅有耳闻的新思路。

4.从四个方面入手，列出动员大会的宣讲思路：精力、激情、兴趣和敬业。这些动员思路的可执行性如何呢？

5. 布置会议前10分钟的具体安排，细化到每位参会人员的行为动作。会议开端的良好互动能为接下来的会议内容奠定正面积极的基调。会议中哪些人需要发言，发言顺序如何？第一幅展现给大家的画面应当是怎样的？

如何颁布强制性的变革计划

变革计划给大家留下的初印象是关键。新计划最初展现的基调、展现的方式，与每位参与者的相关程度，都将影响教职工对于变革计划的态度。

1. 一般来说，我们时常需要在学校教职工动员大会上传达一些由学区下发的文件资料，而且这样的文件经常在最后一刻才到达动员大会主持人手中。那么，如何确保这些临时增加的消息不会转移大家对变革计划的注意力呢?

2. 如果你对开展教职工动员大会有着丰富的经验，就能明白，不是所有的学区文件都包含让人惊讶的重磅消息。总结并列出这类文件普遍包含哪些日常信息，即便在动员大会上宣布也不会转移大家对于变革计划的兴趣。另外你也可以思考，除了教职工大会外，还有哪些其他途径可以宣传学区下发的消息呢?

先精心准备，再传达

正如前文所言，变革计划的首秀至关重要。高效能的校领导会在迈出每一步前，根据实际情况微调计划的实施步骤。

1. 校领导小组应当总结出可能阻碍变革计划首秀的所有因素，并形成列表。

2. 给出上述列表中每个问题的妥善处理方法。我们应当重视这一步骤，引导每位教职工将注意力放在变革计划的重要内容上。

3. 制定首次宣传的完善计划，向教职工传达变革计划的相关概念。计划应细化到宣传时的具体用词，以确保尽可能给教职工留下完美的初印象，充分吸引大家的注意力。

4. 对于可能引起争议的变革计划，不应该在毫无预先提示的情况下突然宣布执行。在教职工大会前，应当趁大家还未集中前，先理清思路安排一对一的私下谈话。那么，这些沟通谈话安排在什么时候最为恰当呢?

5. 教育学中有一个绝妙的哲学思想叫作“计划中的随机”。放在这里的意思是，高效能的领导应当有意识地计划好一切，但让一切表现出自然而然地随机发生。以前文中的案例作为素材，列出变革计划中的哪些方面可以表现为“随机”发生。

6. 除了在正式的教职工大会上，还有哪些场合可以向教师宣传或传达变革计划呢？请列出清单。

特邀演讲嘉宾站台

有效的宣传和引导可以推动变革计划。邀请经验丰富的专家前来演讲，可以为计划的成功铺平道路。

1. 领导小组应合理分配变革计划的各部分宣讲内容，让最具演说能力的人参与到所有议题的宣讲中。

2. 如果领导小组中没有人能足够自信地宣讲存有疑问的议题，那么列出可代替宣讲此类议题的人员清单。

3. 有时候，学生家长中藏龙卧虎、消息灵通。是否有哪位家长或者社区人员适合作为变革计划的宣讲人？如果有，安排小组人员联系他们。

4. 就如其他职业一样，教师也需要证据来支持论点。列出证据清单，证明该项变革计划的确有效且高效。

实地调研有技巧

派遣调研小组，到成功推行了你意图进行的变革计划的学校进行调研。

1. 领导小组各成员制定参加实地调研的派遣教师清单。总结小组各成员清单，形成最终的调研人员名单。

2. 制定调研学校目录，列出各学校的重点调研项目。

3. 制定详细计划，具体到调研时应收集到哪些信息。

教职工大会

如果决定在教职工大会上传达变革计划，应将会议场景布置妥当，以求获得乐观积极的反馈和建设性的建议。

1. 回想学年之初教职工参加动员大会时的气氛。是否随着学期进行，会议气氛也有所改变？

2. 预先针对可能出现的犹豫和疑问进行头脑风暴，降低在正式传达时教职工注意力分散的概率。

3. 考虑在会议中引入“特别专座”，应对那些较为消极的教职工。就如何控制末尾员工在会议上可预见的消极影响，进行头脑风暴并提出解决方法。

4. 更改教职工会议的传统布置可帮助营造新的会议氛围。那么，怎样的新布置可以带来更好的会议气氛呢？

5. 进行教室规模的小型会议，有助于一次性传达多种变革计划。计划如何将教职工分散成多个小组，并进行会议安排。

6. 就如邀请专家前来开讲座一样，邀请参会嘉宾也同样有效。列出有助于推行变革计划的社区人员清单。

7. 邀请学区工作人员参与学校教职工动员大会是很重要的。你认为邀请谁比较合适呢？

切勿提及负面影响

几乎所有新观点都存在潜在的缺陷。在宣传变革计划时，谨记将可能存在的缺点最小化处理，避免动摇教职工的想法。

1. 领导小组必须在第一时间成功引起教职工对于变革计划的“兴趣”；有时候，需要在学年开始前就制定实施安排。列出可能在宣传演讲中立刻引起教职工兴趣的方法。

2. 一项用于在宣传中引起听众兴趣的方法越发受到欢迎——以视频的方式介绍新观点。在领导小组内部，分享和讨论什么方式和类别的“视频”既容易拍摄也能介绍变革计划。

3. 首次宣传时应该传达变革计划的哪些方面和想法？请列出清单。

4. 任何新改变都存在缺点。领导层的目标在于，限制这些缺点带来的负面影响。遵照将变革计划负面影响最小化的逻辑，策划首次宣传的具体事项。

第3条：锁定关键人物

在理想情况下，学校的教职工都有着共同的教育理念和教育目标：启发灵感，教授知识。除了少数几位教师在少数时间里会缺乏兴趣和动力，绝大部分教师会始终怀抱着最初选择这份职业时的信念。

在学年中的某些时候，甚至刚开学的第一个月里，一些消极教师的工作态度就像是他们选择教师只是为了寒暑假一样。然而我们作为校领导必须谨记，即便是这样任性的教师也能在变革计划的实施中起到重要作用。这些教师能强有力地发声，为变革计划添砖加瓦。事实上，每一位员工都是变革计划重要的参与者。

改变议题通常让人进退维谷。如果学校领导有能力让每位教师、看门保安、后勤员工以及学生，从内心认同新观点、接受新改变，那么，也就不需要所谓的执行改变的环节。我们需要变革计划的结果，正是因为学校的程序改变、结构改变或是文化改变计划并未如我们所愿地展开，为了达到期望的结果，你有责任寻找并确定学校中的关键人物。

在每所学校中，都有三种类别的教师、三种类别的学生以及三种类别的家长。实际上，这三类人员划分方式也适用于非教育行业。所有的教师可以归为明星教师、骨干教师和末尾教师三类中的一类。明星教师是模范教育工作者，我们都想让自己的孩子在这类教师的班里上课。骨干教师是中坚力量，通常占比最大。末尾教师顾名思义，是表现最普通或者在一些情况下可以称为糟糕的教师。

在实施变革计划的过程中，我们很自然地想把注意力放在占比最大的教师群体上。然而，如果将工作重心放在中坚力量群体，那么得到的也很可能是中等结果。高效能的校领导明白，将关注点放在明星教师身上，更可能让学校和学生朝着正确的方向前进。

三种类型的教职工

或许，领导校园变革计划的最关键点在于，了解学校内的团体动力学。

1. 领导层的每位成员按照自己的判断，将在校教师分为三类：明星教师、骨干教师和末尾教师。

2. 领导层的每位成员，列出形容词来描述心目中每类教师的特点。（坦率地表达，无需顾及他人情绪。）

3. 总结每位领导组成员的清单，形成学校教师分类表。

不可替代型明星教师

明星教师这个头衔的要求十分苛刻，此类教师必须赢得四大群体的尊重：学生、家长、同事和学校管理层。

1. 根据本书中对于此类教师的特征描述，列出属于此类的曾与你共事过的教师。谁有能力称得上是明星教师呢？

2. 如果其中一位明星教师即将离职，什么地方最可能找到与之匹配的代替者呢？在你的学校替换一名明星教师有多困难呢？列出具体细节。

3. 由于明星教师通常仅占极少数，编写新的形容词清单用于描述你学校中的明星教师。

4. 列出明星教师为学校带来的无形的教育影响；不是指那些在师范课堂上学到的教育学知识。

基层型骨干教师

基层型教师通常占比80%—90%。虽然我们总是习惯于将工作重心放在人数占比最高的群体，但在推行变革计划时，不能聚焦在这个代表平均水平的群体上。

1. 根据本书中对于此类教师的特征描述，思考那些曾与你共事的和正在共事的教师，哪些属于骨干教师呢？

2. 如果一位骨干教师即将离职，我们如何找到与之匹配或能力更高的教师呢？

3. 若不考虑具体学科作为招聘的限制条件，需要多长时间才能替换一名骨干教师？

4. 除了日常教学之外，骨干教师还有哪些技术和能力能为学校服务呢？

可替代型末尾教师

与明星教师一样，末尾教师的占比也很低：通常而言仅占比5%—10%。

1. 根据本书中对于此类教师的特征描述，比较而言，哪些教师属于末尾教师呢？

2. 如果一位末尾教师即将离职，我们如何找到能力更高的教师代替呢？替换一名末尾教师有多容易呢？

3. 根据纪律管理员的相关记录，判断末尾教师如何管理课堂纪律。

4. 末尾教师出现在教师办公室的频率如何？通常由于什么原因出现呢？

各类教师见识的宽度和广度如何

高效能教师根据学生的需求做出是否改变的决定；低效能教师根据自己工作的难易程度做出是否改变的决定。

1. 作为学校的领导，你负责引领学校的变革计划，请评价自己在学生教育工作上的见识宽广度。

2. 请比较你与其他三类教师（明星教师、骨干教师和末尾教师）在见识和眼界上的区别。

3. 搭建至少一条沟通渠道，让你与明星教师分享并讨论对于教育的见识和认知。另外再思考一个问题，你需要付出多少努力才能让末尾教师认同并支持你对变革计划的看法？

改变的动力从何而来

明星教师对于改变有自发的内驱力。骨干教师通常需要外界鼓励和引导，才会自愿参与变革计划。

1. 列举任何一项由明星教师执行，用于提升学生学习效果的程序改变。

2. 通过头脑风暴找到可行方案，让其他教师（无论经验或类别）也能执行同样的程序改变并取得积极效果。

3. 如果在全校范围内执行该项程序改变，将如何提升和帮助更多学生？现在，请列出清单进行描述。

4. 骨干教师也有能力帮助、支持学校的变革计划。列出你认为能交予骨干教师执行的校园文化改变。

教师的六种细分类型

菲奥雷和惠特克所著的《六种类型的教师》一书中，将三种类型的员工又细分为六种，帮助我们更深入地了解不同分类的教师特征。我们不妨复习、参考本书前文（见第47页）。

1. 将你的教师类别列表再细分为六个亚类。将明星教师细分为非凡型和深耕型。

2. 根据原先的教师清单，将骨干教师细分为平衡型和股票指数型。

3. 这一项工作较为简单。将末尾教师细分为无害型和消极影响型。

4. 将教师重新细分或将让你重新思考他们在执行变革计划中能发挥的作用。那么，重新细分为何可能改变你对各类教师的看法？

5. 在三类不同的教师中，校领导应该将变革计划的工作重心放在哪里？为什么这类教师在校园变革计划中最为重要？

6. 一般来说，消极分子能够左右教职工大会的气氛。因为他们更倾向于在大会上将自己内心的犹疑宣之于众。通过头脑风暴，思考出限制这类消极影响的方法。

明星教师的动力源与困境

明星教师通常比学校里其他任何教师都更为辛勤工作。而且，他们的内驱力和才华都高于其他绝大部分的人。

1. 指导领导小组进行头脑风暴，列举出明星教师期待校领导执行哪些实质的变革计划。

2. 采取如上方法，列出明星教师所期待的非实质的变革计划。

3. 搭建渠道让教职工认识到明星教师的引导力和影响力，但让大家避免透过消极滤镜看待他们。

第4条：寻找切入点

校领导的一项隐藏目标是，成为教师的动力源泉和学生们的榜样。作为领导应当致力于推动正向积极的校园变革计划。然而，同时让全校师生意识到现行校园文化如何改变以及学校为何需要改变，是一项艰巨的任务。

在领导小组确定将要进行的变革计划类型以及具体开展方式后，高效能的校领导便会着手取得校园里最具远见、影响力最深远的教师群体的支持和肯定。这类明星教师具有高效沟通、积极引导以及创造性地传播信息等特质。在这些勇于尝试新事物的教师认可变革计划后，你应当不断提供支持并搭建有效平台，为他们执行变革计划留出足够空间。这一点十分关键。

骨干教师是一群踏实肯干、占比最高的教师群体，一旦决定加入变革计划，就能提供几乎无上限的劳力和支持。本章节讨论了数种方式，让骨干教师成为领导变革计划的成员之一，以避免让明星教师出现过劳以及隔离感的可能性。

我们也应该考虑学校的新手教师；他们是教育行业的新鲜血液，饱含工作的活力和教书育人的初心。末尾教师欠缺的正是这些品质，早已将它们遗失在职业生涯的某个地方。新手教师还未清晰地找到自己的归类，也未落入平庸懈怠的牢网中，可以成为变革计划中珍贵的支持力量。

作为推动校园变革计划的校领导，你应当制定合理方案，在计划的各个阶段赢得各类教师的支持，达到预期的成果。学校中的每一个人都能成为变革计划的参与者，但我们要从最可能参与计划的人群入手，以达到事半功倍的效果。

阻力更小的教职工群体更能接受改变

有时候直觉告诉我们，应当将工作重心放在赢得反对者上——那些强烈反抗我们提出的变革计划的人群。

1. 在妥善制定变革计划后，列出最可能接受这种改变的教师名单。

2. 你列出的上述教师清单中，哪些是明星教师，哪些是新手教师呢？

3. 将工作重心聚焦在清单中的明星教师身上。其中谁在教职工中最具影响力，最具宣传变革计划的能力呢？

4. 列出将新手教师纳入变革计划的多种方式，让他们自然而然地接受变革计划并视其为日常工作的一部分。

从明星教师入手

坦率来讲，明星教师会竭尽全力地投身于自己认可的计划中，并且出色地完成任务。

1. 描述明星教师在学校中的传统工作。

2. 假设其中一位明星教师即将离职，请描述学校将会发生哪些变化。

3. 设想在一种情况下，明星教师会犹疑是否参与变革计划。导致他们犹豫的主要原因有哪些？

避免让明星教师过度劳累

“常说自己精疲力竭的人，也许根本没有真正忙碌过！”

1. 选择最可靠、最能胜任变革计划执行工作的那位明星教师，必须避免他因琐事而过度劳累。

2. 列出可以执行程序改变和结构改变的骨干教师清单，避免明星教师的任务过于繁重。

3. 哪种类型的校园文化改变计划必须由明星教师主导执行，才能顺利改变校园氛围？

4. 明星教师的哪种特质让他们几乎能胜任任何工作？

吸纳新手教师

对于新手教师而言，并不存在所谓的“改变”。这些都是他作为新员工在新环境中需要学习的规则。

1. 列出在学年开始前，已然成功执行的各项目计划。

2. 为什么要在学校执行这些项目计划？这些运行中的项目和计划是否达到了预期的改变效果？

3. 新手教师参与变革计划首秀，能在专业能力方面得到何种提升？

4. 计划“同侪互助”活动，将新手教师和明星教师组队开展教学技巧互学、教学能力共同提升。哪一类教师更能从中获益呢？

入职培训始于面试阶段

传达学校对新教师的期许，引导他们向着你希望的方向前行的最佳时刻是面试阶段。

1. 列出五个传统的教师面试问题。

2. 列出五个帮助新教师深入了解学校期许的面试问题。

3. 新手教师中是否有人未能达到你在面试阶段的预期？为什么会这样？

4. 如果新手教师在职业生涯的初始就与明星教师组队，他们能从中得到哪些益处？

5. 大多数新手教师满怀激情、乐观积极地投入工作。如何改变校园环境，让校园整体氛围也能接近这种新生的活力？

第5条：削弱抵触情绪

你清楚地知道他们是谁。每个学区、每所学校、每个年级都有那么一些臭名昭著的代表人物。他们会在教职工大会上站在最后一排，旁若无人地阅读报纸或者给邮箱中的邮件分类。他们会在最不合时宜的时候，伴随着噪音离开会议室，只是为了续满自己的咖啡，或者接收与工作毫不相关的邮件。通常来说，他们忙完这些也不会再回到会议室。

这样消极难缠的教职工群体，几乎不会参与任何学校社团工作，也不会主动联系家长；他们总是因为一点小事就处罚学生，他们叫去办公室处罚的学生比别人一个年级的都多；他们总是抱怨得不到学校管理层的支持，自己的学生全是表现不佳的学习困难户。

一般来说，对待此类问题教师的传统方式是尽量避开他们。不要让他们参与任何自由讨论，以及期待他们早日退休。我们或许奇怪，既然从事教育行业让他们如此不愉快，那他们为何还选择继续当老师呢？事实上，他们的确也没有其他地方可去。你认为他们能做好其他事情吗？

作为学校领导层的一员，为了削弱和打击这样的消极力量，我们应该了解更多非传统手段。校领导需要知道，这群人不仅抱怨学校的工作，还抱怨学校以外的一切。

应对这类教师最为有效的方法是，削弱他们对“易感”教师群体的负面影响。消极的教师无法影响明星教师，但骨干教师却可能成为受害者，感染上消极的情绪病毒。任何骚乱需要处在可能受到这种影响的人群中，才能得以施展。通过限制消极分子可能存在的跟随者，就能控制消极情绪对于校园氛围的影响。

校领导应在推行校园变革计划前，着手分散学校里存在的消极力量。

别让抱怨者控制局势

要理解学校中那些怨声载道的教师，首先要知道他们几乎对任何事物都心怀不满。

1. 让领导层每位组员列出自己认为的经常抱怨的教师。

2. 根据每位成员给出的名单，总结形成学校抱怨者清单。特别注意那些几乎出现在每份个人名单上的名字。

3. 将抱怨者清单上的教师细分为无害型和消极影响型两种类别。

4. 列出这类教师最近一年内普遍抱怨的校园工作事项。

用安静化解戏剧性场面

更加从容淡定地对待别人戏剧化的表演，拒绝向夸张演戏的人妥协，坚定不移地朝着自己的目标前行。

1. 与领导组成员讨论，讲述经历过哪些通过无理取闹达到目的的家长或教师。

2. 领导组每位成员应进行头脑风暴，找到应对这种“大呼小叫”的新方法，阻止这类抱怨者因成功达到目的而进一步强化这种不合理的行为。

3. 通常而言，其他教职工对这种在教职工大会或其他公共场合“大呼小叫”的抱怨者有何反应?

4. 这种“大呼小叫”的抱怨者与明星教师发生过任何对抗和冲突吗?

分开处罚捣蛋鬼

集体处理表现差的教师，将加深他们之间的羁绊，可能形成反抗者联盟——而糟糕的是，人多力量大。

1.辨别学校中可能存在的消极分子联盟。(一般存在于同年级、同学科组、同教学组、同区域、同用餐时段等。)

2. 商讨可行方案，分散聚集的消极力量，降低其破坏性。辨认出消极群体中对变革计划反抗最弱的教师。

3. 消极影响力需要在对应的易感人群中才能发挥效果。在领导层内讨论，如何改变易感人群所处的环境，以此避免受到消极影响。

教学与示范

高效能教师不仅传授知识，也会规范学生的行为习惯。他们会重点关注个人，并加强全班学生的整体行为表现。

1. 与团队成员分享并讨论校园中占比最高的学生纪律问题。

2. 用树立榜样、引导教育的方法代替惩罚处分。不同的学生纪律问题，应当采取哪些不同的应对方法?

3. 讨论如何采用同样的、以榜样引导代替惩罚的方式，处理本学年中教师出现的各类问题。

控制消极力量集结

多花一些时间和精力，领导者就能采取恰当措施打击消极力量的影响，并且积极扩大正面影响力。

1. 重新规划布置教职工会议现场，让消极分子无法像往常一样聚集在一起。

2. 在公开宣传以外，私下与末尾教师讨论校园变革计划，争取让他们加入计划。

3. 在制定教师排课总计划时，注意考虑哪些教师不宜在邻近教室排课，或在同一时段排课。

4. 再次审议排课计划，确定年级内或学科内哪些教师与明星教师搭配，能够获得最大收益。

依靠主教练式人物对付抵抗联盟

变革计划的支持阵营中的“教练”有能力影响许多中间阵营的教师，引导他们加入变革计划。

1. 列出教师之间互相影响、吸引的普遍原因。

2. 关注校园里的教练团体，辨别最可能挑战变革计划的地方。

3. 辨识教练团体中一到两位可能成为体育热爱者正面榜样的成员，这样的成员通常教授学校中的某一门主要学科。

4. 思考校园变革计划可能与体育比赛联系起来的地方。

第6条：管控情绪的力量

鼓励教育领域不断改变的传统做法是，借助一系列实质的行动和沟通。地区教育体系和学区教学管理办公室会向教师提供最新的教育行业信息。相关出版社每隔几年就会根据学区的教学实际情况，引进并出版新的学习、辅导书籍。设计出丰富多彩的图示和趣味横生的视频，吸引青少年对知识的注意力。

不过，更为理性的教育工作者并不太相信这些花哨的方法。要想让他们认同变革计划，就需要以如“研究表明”或“根据数据分析”等字眼来证明。著名学者为了论证某个论点，通过海量的引经据典，研究出一篇教育学论文。这样受人追捧的教育理论固然有其意义和作用，但这并不能否定无形的情绪也具备强大的驱动力。

人是情绪动物。有时，我们会坦率地向倾听者直抒胸臆。但有时，我们又会将情绪积累在心里，在不合时宜时突然爆发。不论是否有所表露，每个人都对新变化持有情绪反馈。若反馈的是乐观积极的情绪，则能推动变革计划开展。若是由于过往不好的经历而产生了迟疑的情绪，就会让教师在任何变革计划出现时下意识地裹足不前。

经验丰富的校领导能充分利用这样的情绪反馈，积极正向地推动变革计划。削弱教职工恐惧和焦虑等情绪，同时促进他们勇敢和合作的情绪，就能顺利开展长期而艰巨的任务——彻底的校园文化改变计划。

削弱恐惧情绪

恐惧堪称变革计划的一大拦路石——对陌生事物的恐惧、对失败的恐惧，对难堪的恐惧以及未能觉察到的恐惧。

1. 在小组内讨论，明确教职工对即将执行的变革计划可能存在恐惧的三个原因。

2. 这些产生恐惧的原因中，哪些是源于曾经失败的经历？哪些又是源于谣言中所谓的失败？

3. 针对这些恐惧成因制定应对方案，推动变革计划顺利实施。

4. 如果对未知的恐惧导致教职工对变革计划产生犹疑，请讨论并制定应对方案，提升教职工对新计划的熟悉度。

5. 思考对于过往变革计划的良好经验如何削弱教职工对于新改变的恐惧感。

营造出每个人都参与其中的氛围

让每位教职工都参与变革计划的一项方法是，假装大部分同事都已经参与进来了。

1. 在大家充分了解你主张的变革计划后，规定所有教职工参与进来的期限。

2. 预估明星教师成为变革计划执行榜样的时间。骨干教师需要多久接受变革计划？末尾教师呢？

3. 制定多种公开宣讲方案，向每位教职工动态传达变革计划的执行进展。

4. 制定方案，鼓励具有影响力的教师向同事宣讲过往变革计划的成功经历。

让新计划看起来平常

许多教师都将自己定位为普通人，如果他们觉得参与计划会像站在聚光灯下一样出众，就会因尴尬而躲避。

1. 在公开变革计划进展情况的过程中，思考领导小组应当如何让参与计划的教师始终保持正向积极的态度。

2. 除了展示进展情况以外，制定其他沟通交流变革计划的方式（如教职工会议、邮件、备忘录，等等）。

3. 进行头脑风暴制定方案，鼓励消极分子或未参与计划的教师更为乐观地对待变革计划。注意，不要采用直接施压的手段。

满足教师的两种不同动机

明确地证明变革计划有益于学生，能给教师提供情绪驱动力，让他们认同并全力支持变革计划。有时候，这样的鼓励必不可少。

1. 列出具体证据，证明此项变革计划有利于学生成长。

2. 列出具体证据，证明此项变革计划有利于教师工作。

3. 明星教师认为何种与学生相关的问题最为重要？请列出具体事项。

4. 末尾教师需要何种动力，才会支持变革计划？

首秀触发的情绪

为了尽可能获得最初的正面反馈，校领导必须有意识地引导变革计划首秀所引发的情绪。

1. 事先明确，你期望变革计划首秀将引起不同类别教师的哪些情绪？

2. 你不希望变革计划首秀引起不同类别教师的哪些情绪？

3. 领导小组合作制定方案，阐述这些期许的情绪反馈将如何推动更多教师参与变革计划。

第7条：增加认可，推动执行

与各教师群体就他们最关心的学生相关问题进行沟通交流，比如课堂纪律、频繁的注意力涣散——学生表现木讷、提不起学习兴趣、出勤率低等问题都能进行讨论。校领导希望做出改变，帮助教师解决这些教学相关的问题。高效能的校领导在执行变革计划时，会把工作重点放在重要的方面。

在完美的设想中，教师都认同学校所有的政策和规定；都将教书育人放在自身的利益之前。在完美的设想中，学校都更关注实际的成效，而非出勤率。但是，这样完美的设想未免有些不切实际。

虽然文化改变需要校内每位教职工的参与才能完成，不过校领导总要先引导第一梯队的教师率先执行计划。如果校领导从一开始就期望全体参与，那么通常都会因为一小撮顽固的反对派而感到疲惫无望，想要放弃。高效能的校领导会将更多时间和精力放在激励明星教师、新手教师和主要骨干教师上，以此推进变革计划。同样，这类领导也会视情况不再继续费力劝说充满犹疑的教师群体。

每位校领导都期望着：每位任课教师都能在课间站在教室门口，维持过道秩序；每位教师都能定期与家长联系，进行有效沟通；每位教师都会按时上交考勤记录表。然而对于高效能的校领导而言，更为重要的是营造一种教学氛围，让每位教师都愿意自发进行以上活动。这一点对于学校学生而言十分重要。

全体参与变革计划固然美好，但不先让首批教师参与进来，就难以达成全员参与的成就。

克服恐惧，迈出第一步

教师不是任何时候都能毫无障碍地承认自己在课堂上存在不安的情绪，特别是需要面对某些让他们害怕的难缠的学生时。

1. 在教职工会议上（或公开论坛上）邀请教师分享日常生活中普遍存在的各类恐惧（非教学相关）。

2. 再次询问关于恐惧的问题，将这些恐惧感类比到教学领域中。哪些是普遍存在的教学相关的恐惧感呢？

3. 讨论这些恐惧感的根源。这些是真实的恐惧还是仅仅因为受到传统思想影响？

4. 让教师们自由分为更小的团组，在更为自然舒适的氛围中进行头脑风暴，找到应对这些恐惧的方法。

评价“交换旁听”

如果变革计划的首秀给教师留下良好印象，那么这些教师就会愿意继续参与该计划。

1. 让教师分享曾遭遇哪些糟糕的新教学项目（或者听闻过的失败的新教育项目）。

2. 开诚布公地谈论负面印象和糟糕经历，有助于克服、消散教师们内心的恐惧感。询问他们为何感到这些新教学项目是失败或糟糕的。

3. 给予教师足够的空间来调整变革计划的步调，以削弱他们的恐惧感。将调整建议记录下来，以供后续商议。

4. 让教师分享积极良好的新教育项目经历。

可视化教师结构，捕捉推动变革的关键

就算是管理只有20名教师的队伍，要让每个人都支持你所主张的变革计划也困难到足够让人望而却步。

1. 领导小组应制定日程，初步明确计划的开展时间和完成时间。

2. 绘制树形示意图，描绘出参与变革计划的第一批人员、第二批人员，等等。

3. 采用图8.1以及图8.2（参见本书第102—103页）的方法，绘制出明星教师与其他教师的可视化关联图。明星教师可以影响这些教师，引导他们参与变革计划。

4. 别忘了争取广大教职工的支持。校内除教师群体外的其他员工也在变革计划的覆盖范围内，能成为学校改变的助力。

任何组织架构均适用的人员关联可视图策略

最具挑战的是在相对较小且不包含明星教师的群体中执行变革计划。

1. 在学校的每个区域或学科内，明确具有积极影响力的人员、反抗情绪最弱的人员以及顽固的抵抗者。

2. 按照学校的明星教师目录，根据他们在学科内和全校范围内的影响力，绘制行动计划。

向前看，别回头

过去形成的既定习惯也能成为变革计划的阻碍。许多人，特别是习惯于抗拒改变的人，总想活在过去构建的环境中。

1. 让教师以“以前都是这样……”开头，列出一些“滑稽”的话语。

2. 让老教师讲述他们刚工作那会儿的情景，并描述之后出现了哪些改变。

3. 组织教师展开讨论，分析之前的变革计划中哪些对学生起到了正向积极作用，哪些缓和了教师工作压力。

第8条：巩固新行为，强化尝试意愿

传达学校的变革计划后，明星教师已经选择加入计划，其他关键人物也表示支持。变革计划的首秀圆满完成，你也已经采取了恰当的措施推行学校的文化改变计划。现在似乎可以高枕无忧，坐看变革计划顺利开展。但别开心得太早，变革计划通常不会进行得如此轻松且快速。

重要的是，校领导不仅需要关注变革计划的开始和结束，也应知道计划的过程也具有惊人的价值。在校园改变的计划阶段，校领导需确认整个过程中的所有细节都已经过恰当考量。改变执行中任何多么微不足道的成果，都应适当强调以维持改变的话题度。避免热度渐消后，教职工又逐渐回到改变前的状态。

高效能的校领导清晰地明白，任何校园改变特别是最重要的文化改变都需要有条不紊地开展才能取得成果。领导在变革计划的每一步都应当持续巩固教职工的新行为，才能达到最终目标。

当第一梯队的明星教师开始按照变革计划表现出新行为时，校领导应在私下和公开场合肯定他们的改变。公开肯定能够鼓励更多支持者加入变革计划，越多的人参与，则越容易吸引大家从众跟随。私下赞许能让明星教师明白你对他们工作的肯定，也能让他们清楚此项改变对学生提升有多重要。

随着更多教师（无论是骨干教师或末尾教师）加入变革计划，校领导需要及时采用赞许等方法巩固他们的新行为。如果他们在短期内看不见改变的成果，便容易停止改变。人们总是习惯依赖过去的行为方式，即便这些稳妥舒适的做法不再是最有效的工作方式。通过在改变过程中不断巩固新行为，高效能领导便能推动变革计划取得更丰硕的成果。

教职工持续改进工作

教育从业者熟知这样一句话：想要教职工得到有效提升，那么就必须进行“持续”改进工作。

1. 与领导层商议决定，变革计划的哪些方面需要不断巩固，进行什么程度的巩固。

2. 安排在校教师作为教职工大会的演讲嘉宾。

3. 是否可以邀请学区办公室中的合适人选到学校教职工大会上致辞（无偿帮助）？

4. 考虑组织定期的小型教学研讨会。安排好研讨会的时间和地点。

5. 校领导应当采取多种途径，公开和私下保持与新教师（包括新手教师和跳槽教师）的早期沟通。

6. 校领导层应当如何与新教师见面？有哪些巩固新行为的话题，可以作为谈话的中心？

7. 考虑邀请学校退休教师为新教师提供指导的可行性。哪些退休教师可以提供帮助？

8. 如何让学校的图书阅读组成为一项教师持续提升的活动？

9. 由领导小组编制改变过程中所需的藏书名录，作为教师研讨会用书。

10. 如何让如“周五焦点”这样的信息发布平台，成为教职工每周提升进步的平台？讨论可行的方案。

11. 教职工对于开展“周五焦点”能提供多大助力？

12. 制定适合为“周五焦点”供稿的教师名单。

巩固每一步

改变的进程中各教职工的步调不一，我们也应当通过多种方式鼓励他们继续前行。

1. 领导层可以通过哪些途径，对全校教职工在变革计划中取得的成绩表达认可？

2. 领导层可以通过哪些途径，向教职工个人在变革计划中取得的成绩表达肯定？如何向成为变革计划榜样的教师表达赞许？

3. 制定可行方案，让全校人员（学生、教师、家长）在变革计划的过程中感受到认可。

4. 在管理层面制定奖励机制，巩固变革计划中取得的成果。

5. 描绘出校园内的关键人物（学生、社区人员、其他教职工，等等），衡量他们在校园内的影响力。

6. 列出学校相关的家长团体清单，如助推俱乐部。这些团体是否可以巩固变革计划成果？

公开表扬和私下表扬

在决定采取公开表扬或私下表扬时，我们应当知道，公开表扬可以鼓励正面行为的传播。

1. 写出公开表扬和私下表扬的不同之处。

2. 写出在何种情况下，私下表扬比公开表扬更加有力。

3. 这样的情况通常在什么条件下出现?

4. 我们通常以什么形式向全校教职工宣布公开表扬(备忘录、邮件、教职工大会,等等)?

强化尝试的意愿

变革计划的执行过程对校领导和全体教职工而言,都可能是件头疼的事情。我们总有成功或失败两种可能。

1. 明确我们应当对改变过程中的哪些阶段和成就表现出肯定和赞许。

2. 确定评判改变是否成功的标准。我们应当更关注哪些地方呢?

3. 如果你要在变革计划执行中设置"变革计划啦啦队",哪些教职工适合参与该小队?

4. 你如何像拍手鼓励学步的幼儿那样,"拍手鼓励"教职工在变革计划中前进的每一小步?

向着胜利出发

成功的教师能在潜移默化中提升学生的经验,让他们更有自信尝试存在失败风险的事物。

1. 明确变革计划中哪些事项属于远期目标的前期工作,哪些可以在短时间内看到成果。

2. 根据对前期工作重要程度的评估,哪些骨干教师更适合承担这些具有远期目标的长期工作?

3. 可以考虑哪些新教师参与短期紧急的变革计划?哪些新教师适合参与长期的变革计划?

4. 在教职工大会上组织教师进行头脑风暴,明确哪些是对学生学习最为重要的紧急变革计划。

发掘每个人的闪光点

即便是学校里的消极派也有阳光的一面。即便是末尾教师也会在某些时候关注学生的兴趣爱好。

1. 计划方案让领导小组引导教师换个角度思考变革计划，并发掘其中的闪光点。

2. 教师可以如何换个角度看待你的领导能力，发掘你的闪光点？

3. 学生需要在哪些地方换个角度看待学校工作，思考教师和校领导为了他们所付出的努力？

4. 找出前几章中列出的末尾教师清单，换个角度看待他们，说出每人至少一个闪光点。

第9条：多种策略融合使用

有时候，尝试推行一项有效的校园变革计划，不论是程序改变、结构改变还是文化改变，都像在没有图示引导的情况下拼凑一盒拼图。你手中有整幅拼图的所有残片，你也知道边缘笔直的残片应该放在图片的最外围。但在拼凑成图之前，你并不清楚这幅图会是什么模样。不过有时候，你并不需要费力猜测，非得事先得出结论。

领导层在推行校园变革计划的过程中，或许会感到一丝不安。因为，他们并不能完全预料到计划将会引起怎样的结果。他们知道集合那些支持变革计划的具有影响力的教师的重要性，也知道应当将工作重心放在对变革计划抗拒感最弱的群体上，以此建立强有力的护城墙。但即便如此做了，结果也不一定尽如人意。于是他们或许会觉得，还是将这些残片打散了放回盒子，按以前的旧规则运行比较好。这样便无需担忧改变可能带来的负面影响，反而把工作搞得一团糟。

然而，充分了解校园文化改变的校领导则会以更高的眼界，跨越可能存在的障碍，聚焦于更加重要的结果——学生进步和教师提升。合格的校领导并不会随意推行未经深思熟虑的变革计划，因为教职工已然肩负沉重的工作任务；他们应当确保变革计划具有较大的成功概率，且对教师、学生和家长有益。校领导应当明确，变革计划的目的是促进学校进步，而不仅仅只是建立一个新的规则。

执行变革计划从不是一项轻松快速的工作。不同的学校需要改变的方面和内容也不尽相同。如果改变如此容易，那么人人都会着手行动。改变的进程中可能伴随着失望、焦虑和烦躁，但改变的成果可能十分丰硕，或将形成新的教育视角。如果学校都以学生进步为核心做出改变的决定，那么教育才真正具有意义。我们并不需要拼图盒子上的图示来指引拼图的方向。

确保改变的必要性

经验丰富的教育工作者对变革计划抱有疑虑的一大原因在于，他们已然接触过诸多自称是教育拯救者的新观点。

1. 列出清单，记录近五年中你的学校和学区中曾尝试过的变革计划。

2. 清单中哪些变革计划进行了多次尝试，但从未顺利施行？

3. 这些未能成行的变革计划中具有哪些可能导致失败的相同点？

4. 教师（学校内或学区中）对于这些变革计划首秀的反馈如何？

5. 与你的小组进行头脑风暴，讨论可能导致这些变革计划失败的原因。

6. 分辨哪些教师是抗拒改变，哪些又是抵制进步，并进行区分。

7. 你认为哪些教师的教学方法和教学能力亟需进行基本提升？请列出此类教师的清单。

8. 确保教师理解将要实行的变革计划的重要性。制定具体的实行方案，表述该变革计划对于学生的益处。

遵守100小时原则

在新观点的影响和余温尚在时，开展下一步工作。此时正是恰当的时机。

1. 过去五年中，你了解和参与了多少关于教育领域改变的思潮？

2. 你的学校或之前任职的学校实践过哪些教育改变的观点？

3. 在初次得知新观点后，你需要多长时间才能全身心投入关于此项新观点的工作中？

4. 你会采取哪些方法，帮助你更好更及时地实践这些感兴趣的新观点？

抓准三个改变的好时机

从长远来看，一次性进行多项改变能让工作更为高效且容易。在教职工逐渐适应改变的过程中，你应该提供他们所需的支持。

1. 评估哪些教职工团体以及该团体中多少人会全力支持你的变革计划。

2. 列出你想要传达给教师的新观点。

3. 此时此刻，你想要在学校宣布哪些程序改变和结构变革计划？

把你意图推行的改变变为他们的想法

任何学校或机构里的教师和领导都面临这样的挑战：激励别人按照自己的想法做事情。

1. 在教职工大会上，邀请教师分享他们鼓励学生勇敢挑战困难的经历。

2. 让教师分享成功激励学生的经历。

3. 展示实行这些策略的成功案例，作为对其他教师的宣传和榜样示范。

4. 通过头脑风暴找出可行方案，让教师认为自己是变革计划的主导者，而不是仅按照领导的指示行事。

在日常工作中使用多种策略

高效能的校领导不会只在开展变革计划的时候才采取这些策略，而是将它们作为日常工作的一部分。

1. 列出你在执行变革计划时，最得心应手的策略。
2. 给领导小组分配一些清单中的策略，让他们进行实操。
3. 评估教师是否能从这些策略中受到启发，并运用在课堂教学中。
4. 询问与你关系良好的教师，哪些策略最为有效，哪些策略收效甚微。

寻求积极员工的助力

校领导应提前与能够提供帮助的积极员工保持良好沟通，建立合作关系。

1. 列出能够提供支持和帮助的校内教师团体名单。
2. 这些教师团体曾经如何支持过新计划的实施？
3. 三类不同的教师群体如何评价支持变革计划的教职工？
4. 着眼于我们将要执行的程序改变，明确参与计划的助力团队成员。
5. 参考上一项，为即将执行的结构变革计划挑选合适的助力团队成员。
6. 你会如何借助学校咨询顾问的技能，向学校教职工和学生传播改变的意识？
7. 社区对于学校的支持力度有多大？如何让社区助力我们的校园变革计划？

附录二：行动计划

“行动计划”用于帮助读者立即开展校园变革计划，适用于已经完全理解了前文提到的各种策略的领导和教师。该“行动计划”适用于目前或将来在学校或学区开展的每一项变革计划。请确保你和你的团队在执行变革计划时参考本行动计划开展工作，以提升变革计划的成功率。

明确曾经的变革计划

在下表中合适的位置填写过去三年里学校中曾进行过的变革计划。在相应栏目中填写对应的改变类型（比如，程序改变、结构改变或文化改变。请参照本书第24—27页中的内容）。然后，用1—5分来评价该变革计划的成功程度（1表示圆满成功，5表示几乎未执行）。

已执行的变革计划	变革计划类型	成功程度
1.		
2.		
3.		
4.		
5.		
6.		
7.		
8.		
9.		
10.		

明确正在进行的变革计划

在下表中合适的位置填写学校中正在进行的变革计划。在相应栏目中填写对应的改变类型（比如，程序改变、结构改变或文化改变。请参照本书第24—27页中的内容）。然后，用1—5分来评价该变革计划的执行程度（1表示圆满执行，5表示几乎未执行）。

正在执行的变革计划	变革计划类型	执行程度
1.		
2.		
3.		
4.		
5.		
6.		
7.		
8.		
9.		
10.		

明确将要进行的变革计划

在下表中合适的位置填写学校中将要进行的变革计划。在相应栏目中填写对应的改变类型（比如，程序改变、结构改变或文化改变。请参照本书第24—27页中的内容）。然后，用1—5分来评价该变革计划的重要程度（1表示十分重要，5表示不重要）。

将要执行的变革计划	变革计划类型	重要程度
1.		
2.		
3.		
4.		
5.		
6.		
7.		
8.		
9.		
10.		

变革计划首秀

评判已执行的和执行中的变革计划。你或领导层其他成员能否描述这些变革计划的首秀情景？请你对比成功和失败的变革计划首秀的不同之处。现在，列出三项你主张进行的变革计划。这些变革计划应当有怎样的首秀？请列出以下项目：变革计划的首批受众名单；首次宣传将在何处进行；宣传现场该如何布置；是否涉及实地调研、专业提升；是否需要专业顾问指导；等等。请详尽且明确地描绘变革计划首秀的各方面安排。

1.

2.

3.

明星教师、骨干教师和末尾教师

对照学校教师名册，将每位教师分类。（见本书第42—44页，回顾不同分类的具体界定。）

明星教师	骨干教师	末尾教师

1. 将以上三大类教师细分为六个亚类，并在每位教师旁标注细分类别（参考本书第47页内容）。将不可替代型明星教师细分为：非凡型——万众瞩目的榜样；深耕型——绝佳的教学者。将基层型骨干教师细分为：平衡型——能力平均，稳定输出；股票指数型——发挥不稳定。将可替代型末尾教师细分为：无害型——无功无过；消极影响型——带来负面效果。

2. 在名单上勾画出3—12位关键人员。我们必须取得他们的支持才能成功推行变革计划。

3. 勾画出很可能抗拒变革计划的教师。

4. 在下一页上绘制变革计划树状图。将你认为最重要的3—12位关键教师写在图形的上方位置。

5. 绘制树状图能够让你明晰，这些支持改变的关键人物能影响并引导哪些其他教师加入变革计划。（可参考下图或本书第102—106页的图示。）

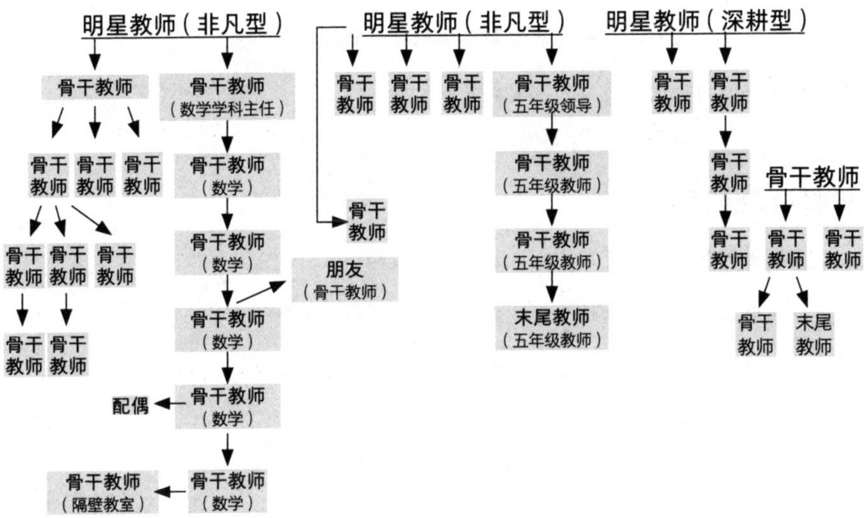

绘制树状图

请在后文空白处绘制你的树状图。请先写下学校的明星教师和重要骨干教师，并从他们开始绘制人员关联可视图。这么做可以帮助你更深层次地理解学校关键人物对于其他教职工的具体影响，也能帮助你确定是否有遗漏任何应当参与计划的重要人员。参考列在前文以及本书第103页上的图示。

1. 列出开展变革计划的切入点（如：某位教师）——最可能接受和支持我们主张的变革计划的教师。

2. 如何恰当地将变革计划向全校员工加以宣传？你预计计划的接受度如何？应当采取何种措施，让教职工认为该项变革计划既“对学生好”也“对自己好”？

3. 你将如何支持、推动以及协助各位教师进行变革计划？

4. 你将如何巩固已达成的改变成果？

削弱抵触情绪

1. 列出可能对变革计划产生抵触情绪的教师个人。

2. 尽可能写出抵抗名单上每位教师的一个抵抗的原因。

3. 明确可能削弱抵抗名单上各教师抵触情绪，甚至引导他们参与计划的策略。